Herderbücherei
Band 1789

W0053692

Über das Buch

Im Gleichnis vom „verlorenen Sohn" oder, wie der Künstler des Titelbildes sagt, vom „wiedergefundenen Vater", dem wohl schönsten und eindrucksvollsten Gleichnis Jesu, hören wir Unerhörtes und unerhört Beglückendes: Der Gott Jesu ist nicht der, für den ihn auch heute noch zu viele Christenmenschen halten – der (wie Menschenväter) lohnende und strafende. Unerhört die Botschaft und der Glaube Jesu: Vor Gott gibt es auch nicht *einen* verlorenen Menschen. Gott ist Vater wie keiner sonst: er, der alle Tränen sammelt und dem kein Lächeln enthuscht. Gott ist wahrhaft größer als unser Herz.
Wo erfahren wir ihn, diesen Vater? Mitten unter uns, dort, wo wir wie er barmherzig miteinander sind, wo in christlicher und kirchlicher Lebenspraxis keiner einen anderen verurteilt, wo wir einander als Freunde begegnen.

Der Autor

Johannes B. Brantschen, geboren 1935; Studium der Philosophie und Theologie in Belgien, der Schweiz und in Deutschland, Dr. theol., Dominikaner, Professor für Dogmatik in Fribourg / CH. Veröffentlichungen zu Themen des Glaubens und spiritueller Lebenspraxis, zuletzt bei Herder u. a. „Warum läßt der gute Gott uns leiden?" (1992).

Johannes B. Brantschen

Gott ist größer als unser Herz

Auf den Spuren seiner Zärtlichkeit

Herderbücherei

Erweiterte Neuausgabe

Alle Rechte vorbehalten – Printed in Germany
© Verlag Herder Freiburg im Breisgau 1981
Herder Freiburg · Basel · Wien
Herstellung: Freiburger Graphische Betriebe 1993
Umschlagmotiv: Ernst Alt, Der wiedergefundene Vater, 1969.
© E. Alt, Saarbrücken
ISBN 3-451-08789-8

Inhalt

Vorwort

Es ist nicht unproblematisch, das mündliche, situationsgebundene Wort einer Predigt in die bleierne Objektivität der Schrift zu entlassen. Eine Rede ist keine Schreibe. Mißverständnisse und Mißdeutungen können entstehen.

Jedoch: der Wunsch zahlreicher Hörer dieser Predigten – Laien wie Priester –, das Gehörte nochmals in Ruhe lesen zu können, vermochte meine heftigen Publikations-Bedenken zu mindern; das stete und dankenswerte Drängen – suaviter sed fortiter – eines Lektors bei Herder vermochte sie schließlich zu zerstreuen. So mögen denn diese Predigtmeditationen so erscheinen, wie sie – erstmals während der Karwoche 1979 im Maihof zu Luzern – gehalten wurden. Einige Wiederholungen und Überschneidungen lassen sich nicht vermeiden, weil unter verschiedenen Aspekten immer wieder die gleiche Grundwahrheit angezielt wird: Gott hat uns alle verrückt gern, seine Liebe zu uns ist grenzenlos: er *ist* selbst die unendliche Liebe.

Der kundige Leser wird schnell herausfinden, bei welchen Theologen ich vor allem gelernt habe. Es ist mir leider nicht möglich, ihre Namen hier zu nennen. Ich danke allen meinen Kollegen herzlich. Ein Name aber sei ausdrücklich erwähnt: Ernst Fuchs. Bei ihm habe ich nicht nur gelernt, daß wir uns an Gott unter allen Umständen freuen dürfen, sondern auch dies: Die „ganze Theologie ist ihrerseits um der Verkündigung willen Theologie, oder sie ist keinen Pfifferling wert". Und etwas wert ist sie dann, wenn sie macht, daß der Prediger am Morgen „fröhlich zur Predigt aufstehen" kann.

Nicht zuletzt sei Frau Ingrid Staehle gedankt für ihr segensreiches Regiment mit dem stilistischen Rotstift.

Möge dieses Büchlein – es kreist um das Gleichnis vom „Verlorenen Sohn" – uns alle gemeinsam in jener Wahrheit bestärken, die der hl. Augustinus einmal so formuliert hat: frui deo et invicem in deo – Freude an Gott und Freude aneinander in Gott.

Albertinum, Fribourg/CH
an Allerheiligen 1980

Johannes B. Brantschen

Vorwort zur Neuausgabe

Diese Meditationen über den Gott des Jesus von Nazaret hatten unerwarteten Erfolg und erlebten nacheinander mehrere Auflagen. Der Vorschlag von Herrn Ludger Hohn-Kemler (Lektor bei Herder), das inzwischen vergriffene Bändchen in die Herderbücherei aufzunehmen, machte einige Ergänzungen und Erweiterungen notwendig. Da der christliche Gott der dreieinige Gott ist, schien es sachgemäß, die Meditationen über den Vater Jesu Christi durch einige Gedanken über den Heiligen Geist (und die Kommunikationsstörungen in der Kirche) zu erweitern und durch eine Meditation über die (vergessene) Trinität zu vervollständigen. Am ursprünglichen Text hingegen wurde nichts geändert. Der Grundgedanke scheint mir nach wie vor aktuell: Gott, unser Vater und unsere Mutter, gönnt uns das Leben und das Glück; er möchte, daß wir lachen und träumen dürfen und als freie Menschen aufrechten Ganges und ohne bedrückende Schuldgefühle durchs Leben gehen können. Hingegen ist es angebracht, ein mögliches Mißverständnis aus der Welt zu schaffen.

Wer als Christ oder Christin die Originalität des jesuanischen Gottes herausarbeiten will, gerät fast unweigerlich in Gefahr, dem Judentum zur Zeit Jesu Unrecht zu tun, wie die jüngste Antijudaismus-Debatte innerhalb der feministischen Theologie gezeigt hat. Diese Gefahr ist besonders groß, wenn es gilt, die Verantwortlichen für Jesu Tod zu benennen.

Angesichts des Fürchterlichen, das Christen den Juden angetan haben, ist es nur zu verständlich, wenn heute unter Christen die Tendenz besteht, die Verantwortung für Jesu Tod in ein „Niemandsland" zu verlegen. Damit raubt man aber Jesus und seinen Zeitgenossen die *Wahrheit ihrer Geschichte,* ihres Leidens, ihrer Schuld. Deshalb müßte zunächst historisch möglichst exakt die Verantwortung für Jesu Tod herausgearbeitet werden: die je verschiedene Verantwortlichkeit einzelner Vertreter der sadduzäischen Tempelpriesterschaft, der römischen Besatzungsmacht und der „Pharisäer und Schriftgelehrten", – aber auch jener, die neugierig, gleichgültig oder feige dabeistanden oder mitmachten. In einem zweiten Schritt müßte dann klar werden: Das alles ist nicht spezifisch jüdisch (oder römisch), sondern etwas ewig Menschliches; denn der Sadduzäer, der römische Imperialist, der Pharisäer, der Neugierige, Gleichgültige und Feige lebt auch in mir (in uns) hier und heute. Würde Jesus heute mitten unter unseren etablierten Christentümern erscheinen, würde es ihm nicht anders ergehen als damals. Wir würden es wohl nur etwas raffinierter machen ...

Mit Jesus, dem thoratreuen Juden, Gott *neu lernen,* ist keine Kleinigkeit; denn der Gott Jesu verlangt Verzicht auf Machtpositionen, Privilegien, Geheimnistuerei, Urteilen und Verurteilen. Das hat damals bei einigen Leuten, die viel zu verlieren hatten, Widerstände gegen Jesus hervorgerufen, wie es auch heute mitten unter Christen heftige Widerstände hervorruft. Wir haben darin den Juden nichts voraus, wohl aber haben wir uns im Laufe der Jahrhunderte an Juden schwer schuldig gemacht.

Möge der Gott von Abraham, Isaak, Jakob und Jesus Juden und Christen nach der schlimmen Vergangenheit in eine hoffnungsvollere Zukunft begleiten.

Freiburg im Üchtland, im Herbst 1992
J. B. Brantschen

Der praktische Atheist oder die Wirklichkeit des lebendigen Gottes

Wer ist nicht schon Menschen begegnet – in Zürich und Hamburg, in Freiburg und anderswo –, die mit Gott nichts mehr anzufangen wissen? Gott kommt in ihrem Alltag zwischen Tisch und Bett, Arbeit und Freizeit einfach nicht mehr vor. Man nennt solche Menschen *praktische* Atheisten. Sie haben oft gar nichts gegen Gott – aber auch nichts für ihn. Gott spielt in ihrem wirklichen Leben keine Rolle mehr, weil sie erstens Gott in ihrem Alltag nirgends *erfahren* und weil sie zweitens den Eindruck gewonnen haben, man müsse, wenn man es im Leben zu etwas bringen will, sich selber helfen und könne nicht mit Gott rechnen.

Die Unfähigkeit zu staunen
oder die Welt des Peter Plüsch

Warum können denn so viele Zeitgenossen Gott nicht mehr *erfahren?* Weil sie nicht die richtigen Antennen ausgestreckt haben. Sie haben Antennen, mit denen sie ausgezeichnet technische und mathematische Informationen einfangen können. Sie können heute ganz hervorragend messen, sehen, greifen, planen, bauen; sie können die Welt verändern und leider auch verwüsten – aber sie können nicht mehr *staunen.* Und weil der praktische Atheist nicht mehr staunen kann, tritt Gott nicht mehr in seinen Gesichtskreis. Der Mensch mag seine technischen Antennen noch so genial vervollkommnen – es hilft ihm wenig, wenn es um das Geheimnis Gottes geht; denn Gott ist nicht *sichtbar,* auch nicht mit dem größten Teleskop und mit dem raffiniertesten Elektronenmikroskop. Gott ist nicht *meßbar,* auch nicht mit dem modernsten Seismometer. Um die Spuren Gottes in der Natur und der Welt zu entdecken, müßte der moderne Mensch seine technischen Antennen hinter sich lassen und wieder staunen lernen: staunen lernen über die

Harmonie einer noch unzerstörten Berg-
landschaft, über das Wunder eines Schnee-
kristalls, über das Lachen eines Kindes, über
die Schönheit eines menschlichen Antlitzes.
Erst wenn der Mensch wieder staunend an
die Welt heranginge, vermöchte er Spuren
des Schöpfers zu finden.

Nun wäre es allerdings töricht, die moderne Welt und ihre Technik verteufeln zu
wollen. Die Technik hat uns den mühsamen
Kampf ums tägliche Brot unendlich erleich-
tert, und dafür sollen wir dankbar sein. Doch
ist die Gefahr heute groß, daß viele Menschen all das als unwirklich und nicht-exi-
stent betrachten, was sie mit ihren technischen Antennen nicht einzufangen vermögen. In diesem Punkt gleichen sie dem
Maulwurf Peter Plüsch, von dem im Man-
fred-Kyber-Buch „Tiergeschichten und Mär-
chen" (Reinbek, S. 136–139) diese Geschichte erzählt wird: Als der Maulwurf
Peter Plüsch, dessen Leben darin bestand,
unter der Erde nach Engerlingen und Regen-
würmern zu wühlen, eines Tages seine rosa
Schnauze aus einem Erdhaufen empor-
streckte, sahen seine winzigen Äuglein etwas
Sonderbares: einen Grashüpfer, der im

Grase saß und seinen Abendtau trank. Peter Plüsch besah sich das grüne Wunder von allen Seiten und sagte sich: „Das ist sicher etwas Leckeres zum Fressen, das muß ich meiner Familie zeigen", und er wühlte sich eiligst zu einem seiner Gänge und rief: „Kommt schnell, draußen sitzt ein grüner Herr. Er sieht knusprig aus." Peter Plüsch, seine Frau Pauline Plüsch und die drei kleinen Plüschs wühlten aus Leibeskräften. Zuerst tauchte Peter Plüsch aus dem Erdboden auf, dann Frau Plüsch und nachher die drei kleinen Plüschs. „Los!" schrie Peter Plüsch, und die Plüschs fuhren alle zusammen auf den knusprigen Grashüpfer los. Der aber sprang mit einem gewaltigen Satz über die Plüschs hinweg, so daß sie nichts mehr von ihm sahen, sondern mit den Nasen zusammenstießen. Peter Plüsch war wütend, und die kleinen Plüschs fragten: „Papa, wo ist der Grashüpfer geblieben?" „Er ist in der Erde verschwunden", schrie Peter Plüsch, „wo kann man denn sonst verschwinden als in der Erde. Also los, wühlen, wühlen, wir müssen ihn finden!" Inzwischen war es Nacht geworden, und die Plüschs wühlten immer noch; sie suchten nach dem verlorenen Grashüpfer. Die weise Kröte Sibylle Warzenreich aber, die das Ganze beobachtet hatte, rief: „Es gibt so viele, die in der Erde wühlen nach dem, was über der Erde ist. Das Wühlen nützt gar nichts, Herr Plüsch! Es sind zwei Reiche, eines in der Erde und eines über der Erde – und vielleicht sind es noch viel, viel mehr." Und dann seufzte sie und sah nach oben. Die Sterne gingen über ihr auf.

So ist das: der praktische Atheist kann sich, wie unser Maulwurf Peter Plüsch, nur ein Reich vorstellen – das, was er mit dem ihm eigenen Instrumentarium erfassen, messen, zählen, wägen kann. Alles andere bleibt seiner Erdenblindheit verschlossen.

Der lebendige Gott ist kein Mädchen für alles

Gott spielt im Leben des praktischen Atheisten auch deshalb keine Rolle mehr, weil der Mensch meint, er brauche Gott nicht mehr, um seinen Alltag zu gestalten und sein Leben zu meistern. Hilf dir selbst, so hilft dir Gott! Gegen den Blitz braucht man einen Blitzab-

leiter und keine geweihte Kerze; bei Zahn-
schmerzen geht man zum Zahnarzt und
nicht zur heiligen Apollonia; einer Seuche begegnet man mit Impfen und Quarantäne und
nicht mit Bittprozessionen zur Abwendung
der vermeintlichen „Strafe Gottes". Oder
wie mir jüngst ein Schlosser schmunzelnd
sagte: „Als ich klein war und den Schrank-
schlüssel verloren hatte, sagte mir die Mutter: ‚Versprich dem hl. Antonius etwas, dann
wirst du den Schlüssel finden!' Heute knacke
ich das Schloß selber auf." Das heißt: Der
moderne Mensch hat sein Leben entschlos-
sen in eigene Regie übernommen und gewinnt folglich den Eindruck, für Gott sei
dann kein Platz mehr. Der praktische Atheist
will seines Glückes Schmied sein – nur das
scheint ihm heute realistisch und vernünftig.
Gott wird arbeitslos und überflüssig.

Liegt in dieser Haltung nicht etwas Über-
zeugendes? Auch wir Christen besuchen den
Arzt, lassen uns impfen und benutzen den
Blitzableiter. Auch wir gebrauchen unsere
Vernunft, um unser Leben durch Wissen-
schaft und Technik zu organisieren. Auch
wir gehen angesichts der Schwierigkeiten des
Lebens nicht mehr so direkt zu Gott und sei-

nen Heiligen, wie das unsere christlichen Vorfahren im Mittelalter noch getan haben. Sind vielleicht auch wir unmerklich heimliche praktische Atheisten geworden? Keineswegs! Denn wir Christen haben inzwischen unterscheiden gelernt zwischen dem lebendigen Gott (dem Schöpfer und Totenerwecker, wie Paulus sagt) und jenem anderen Gott, der als „Mädchen für alles" gedacht war und immer dann einspringen sollte, wenn wir mit unserem Latein – und sei es bloß aus Denkfaulheit – am Ende waren. Der praktische Atheist kennt diese Unterscheidung nicht. Für ihn war Gott immer nur eine Art Automat, bei dem man oben etwas hineinwerfen konnte (ein Gebet, eine Kerze, ein Geldstück), um unten auf wunderbare Weise das Gewünschte zu erhalten. Da unser praktischer Atheist inzwischen gemerkt hat, daß es sicherer ist, sich das Gewünschte selber zu verschaffen, und da ihm ferner die moderne Wissenschaft und Technik die nötigen Mittel weithin bereitstellt, braucht er diesen Automaten-Gott nicht mehr. Und damit ist auch der lebendige Gott, den er mit einem Mädchen für alles verwechselt hat, für ihn erledigt.

Gerade diese praktischen Atheisten, von denen wir allenthalben umgeben sind, können uns jedoch zu einem besseren Gottesverständnis verhelfen. Nötiger denn je brauchen wir den lebendigen Gott, den Schöpfer und Totenerwecker, dem es in seiner Herrlichkeit gefallen hat, uns an seinem Leben teil zu geben, und der uns noch im Tode auffangen will. Vor diesem Gott sollen wir singen und tanzen, ihn loben und preisen und ihn um Kraft bitten, das Leben mit Mut und Hoffnung zu bestehen.

Gott ist diskret

Vor ein paar Jahren hat der deutsche Psy-
choanalytiker Tilmann Moser ein kleines
Büchlein veröffentlicht, das großes Aufsehen
erregt hat. Das Büchlein trug den seltsamen
Titel: „Gottesvergiftung". In dieser Schrift
klagt Tilmann Moser mit einer Leidenschaft
sondergleichen den christlichen Gott an,
weil dieser Gott ihm seine Jugend, ja sein
ganzes bisheriges Leben vergiftet und ver-
pfuscht habe. Seine frommen Eltern hätten
ihn als Buben immer wieder ermahnt: Sei
schön brav, denn Gottes Auge sieht dich immer und überall. Und dieser unerbittliche
Blick Gottes habe ihn Tag und Nacht verfolgt und fast zum Wahnsinn getrieben. Und
seine religiösen Erzieher hätten ihm immer
wieder gedroht: Wenn du das tust und jenes
unterläßt, beleidigst du Gott, und er wird
dich strafen. Daher sei er (Tilmann Moser)

mit Angst und schlechtem Gewissen und voller Schuldgefühle durchs Leben gegangen. Der christliche Gott habe ihm sein Selbstwertgefühl genommen und folglich sei er nicht mehr fähig gewesen, eine menschliche Beziehung und Freundschaft einzugehen. „Weil du ein ewiger Nörgler an mir warst, wurde ich zum ewigen Nörgler an den andern", lautet einer der zentralen Vorwürfe an den Gott seiner Kindheit. Das Fazit seiner Schrift: Der christliche Gott sei ein Angstmacher, Schnüffler, Rächer, Nörgler und unerbittlicher Normengott und habe ihn schließlich psychisch krank gemacht. In einer Psychoanalyse habe er dann diesen Gott abgeschüttelt, sei Atheist geworden und so wieder gesund geworden.

Nicht das Produkt archaischer Ängste

Ich muß gestehen, daß ich das Büchlein von Moser mit großer innerer Erregung gelesen habe, weil es in mir viele eigene Jugenderinnerungen wachgerufen hat. Ich hätte diese Schrift nahezu selber schreiben können. Auch mein erster Kontakt mit Gott – zwar

nicht im Elternhaus, wohl aber in der offiziellen Kirche – war ein Kontakt mit der
Angst, mit dem schlechten Gewissen und
Schuldgefühlen. Welche Angst hatte ich als
kleiner Bub vor dem Beichthäuschen, in das
wir klassenweise zuerst alle 8 Tage, später
alle 14 Tage gejagt wurden. Und mit welcher
Meisterschaft hat es unser guter Pfarrer verstanden, uns Angst vor dem eigenen Körper
einzujagen. Die Sexualität erschien uns als
ein schlimmes Tier, das in uns lauert und uns
ständig in Sünde und schlechtes Gewissen
stürzt. Angst auch vor der ersten heiligen
Kommunion. Und wie bin ich jedesmal zu-
sammengezuckt, wenn man bei einer Beer-
digung das großartige, aber ganz und gar
unchristliche „Dies irae" angestimmt hat:

„Tag des Zornes, Tag der Zähren
wird die Welt in Asche kehren,
wie Sibyll und David lehren.

Und ein Buch wird aufgeschlagen,
treu darin ist eingetragen
jede Schuld aus Erdentagen.

Sitzt der Richter dann zu richten,
wird sich das Verborgne lichten;
nichts kann vor der Strafe flüchten.

Weh, was werd ich Armer sagen,
welchen Anwalt mir erfragen,
wenn Gerechte selbst verzagen.“

Angst, schlechtes Gewissen, Schuldgefühle –
das war mein erster Kontakt mit Gott. Inzwischen weiß ich, daß dieser Gott meiner
Jugend, der auch der Gott von Tilmann Moser war, nichts, aber auch rein gar nichts mit
dem Vater Jesu Christi zu tun hat. Dieser
Angstmachergott war ein Produkt der
menschlichen Angst, ein Phantasiegebilde
unfreier Menschen, die ihre eigenen krank-
haften Ängste und Zwänge und ihre archaischen Phantasien auf Gott übertragen und
ihn damit pervertiert haben.

Der Vater Jesu Christi und unser Vater ist
ganz anders: er gönnt uns das Leben und
will, daß wir einander das Leben gönnen,
denn der Vater Jesu Christi hat Freude am
Menschen, er hat uns alle verrückt gern. Dieser einen und einzigen Wahrheit, daß Gott
Freude am Menschen hat, sollten wir gemeinsam nachdenken. Der Vater Jesu
Christi will, daß wir lachen und träumen
und ohne Schuldgefühle als freie Menschen
durchs Leben gehen können.

Liebe drängt sich nicht auf

Warum verstehen wir Menschen unseren herrlichen Gott oft falsch oder überhaupt nicht? Dafür gibt es viele Gründe. Einer ist sicher der: Gott drängt sich nicht auf, er hält sich zurück. Er ist diskret – heute sogar unheimlich diskret, so daß viele meinen: es gibt gar keinen Gott, denn ein lebendiger Gott könnte angesichts des Durcheinanders in der Welt und der Geschichte sich nicht so zurückhalten.

Warum ist denn Gott so diskret? Auf diese Frage gibt es meines Erachtens nur eine Antwort, und die steht im ersten Brief des Johannes: „Gott ist die Liebe." Wahre Liebe ist diskret, wahre Liebe respektiert die Freiheit des andern, wahre Liebe läßt den andern in seiner Andersheit gelten. Weil Gott unendliche Liebe ist, ist Gott unendlich diskret.

Wenn Sie jemanden sympathisch finden, fallen Sie normalerweise nicht gleich mit der Tür ins Haus, sondern versuchen zuerst einmal durch kleine Zeichen dem andern zu verstehen zu geben, daß Sie ihn mögen. Solche Zeichen sind z.B. ein Lächeln, ein Augenzwinkern, ein Kartengruß, ein Blumenstrauß. Es können nur diskrete Zeichen sein, weil sie die Freiheit des andern respektieren müssen. Diese Zeichen sind zugleich Wort und Schweigen, Anruf und Warten: geduldige Ungeduld.

Gott hat Licht gesetzt in seine Zeichen

Wenn Gott uns gern hat, muß auch er uns Zeichen geben, sich verständlich machen. Und wenn Gott Liebe ist, können seine Zeichen nur unendlich diskret sein, das heißt unsere Freiheit voll respektierend. Nun, Gott hat uns verschiedene Zeichen gegeben, um sich verständlich zu machen, ohne sich aufzudrängen; ich möchte nur deren drei erwähnen.

– Da gibt es – am augenfälligsten von allen – die Schönheit der Natur. Haben Sie schon einmal einen Schneekristall genau angeschaut? Jede einzelne Schneeflocke ist anders als die andere, – jede ein kleines Wunderwerk. Oder haben Sie schon einmal ein Insektenauge unter dem Mikroskop beobachtet oder einen Blick durch ein Teleskop auf die Milliarden Sterne unserer Milchstraße getan? Das ist das erste Zeichen, das Gott uns gegeben hat: die Wunder des Mikro- und Makrokosmos.

– Ein zweites Zeichen, das Gott uns gibt, ist unser eigenes Herz. Unser Herz ist größer als die Welt, denn die ganze Welt vermag den Hunger und Durst unseres Herzens nie ganz zu stillen. „Die Welt ist eine Nummer zu klein geraten", sagt Kurt Tucholsky, „um unsere unendliche Sehnsucht zu stillen."

– Das dritte und wichtigste Zeichen, das Gott uns gegeben hat, ist Jesus. Jesus ist *das* Zeichen Gottes, denn in und mit Jesus läßt Gott uns in sein Herz blicken, während wir durch die Wunder der Natur nur Gottes Hände ein wenig zu erahnen vermögen.

Aber alle diese Zeichen sind keine Beweise, sondern eben Zeichen, das heißt, sie können so oder anders gedeutet werden, sie können auch völlig übersehen werden. Gott ist eben diskret, er drängt sich nicht auf, er respektiert unsere Freiheit, weil er unsere Liebe will. Denn Liebe ohne Freiheit ist nicht möglich. Gott hat in seiner diskreten Liebe genug Licht in seine Zeichen gesetzt, so daß er von denen gefunden werden kann, die ihn suchen, und er hat genug Dunkelheit in seinen Zeichen belassen, um sich denen nicht aufzudrängen, die ihn nicht suchen wollen. Gott ist diskret, weil er liebt. Er nimmt uns und unsere Freiheit ernst – im Unterschied zu seiner Kirche, die uns nicht immer ernst nimmt und unsere Freiheit nicht immer respektiert. – Das ist das göttliche Zartgefühl.

„Ich preise dich, Vater, Herr des Himmels und der Erde, daß du dies vor Weisen und Verständigen verborgen und es Kleinen geoffenbart hast", betet Jesus (Mt 11,25). Mögen wir zu diesen Kleinen gehören, denen die große Wahrheit geoffenbart wird: Gott hat Freude am Menschen.

Gott ist die Macht
und die Ohnmacht der Liebe

Wenn mich jemand fragt, „Wer ist das eigentlich, Gott?", so würde ich antworten: „Gott ist der, der Freude hat an der Liebe. Und weil Gott Freude hat an der Liebe, wird Gott der Allmächtige der Liebe zum Sieg verhelfen. Gott ist aber nicht nur die Macht, die unsere Liebe vollenden wird, sondern Gott ist zugleich auch die Ohnmacht der Liebe. Gott ist ohnmächtig."

„Du bist wohl nicht ganz bei Trost", wird mein Fragesteller vielleicht einwenden. „Daß Gott die Macht der Liebe ist und der Liebe zum Sieg verhelfen wird, das ist klar. So ähnlich sagt's der Katechismus auch. Aber daß Gott auch die Ohnmacht der Liebe ist, daß Gott auch ohnmächtig sein soll, das verstehe ich nicht. Ich fürchte, das ist nicht ganz katholisch." „Mein Freund", würde ich antworten, „das ist sehr gut katholisch.

Ich fürchte eher, daß du noch nie das Gleichnis vom ‚Verlorenen Sohn' meditiert hast, denn in diesem herrlichen Gleichnis bringt Jesus uns die Botschaft vom ohnmächtigen Vater."

Damit sind wir bei einem ganz zentralen Thema: Die Ohnmacht des allmächtigen Vaters. In einem ersten Schritt möchte ich mit Ihnen die Ohnmacht Gottes, die Ohnmacht der Liebe zu verstehen suchen. In einem zweiten Gang wollen wir dann die Allmacht Gottes, das heißt die Macht der Liebe bedenken. Erst wenn wir beides gleichzeitig bekennen (Gott ist die Macht und die Ohnmacht der Liebe), bekommen wir jenen Gott zu Gesicht, den Jesus uns verkündet hat.

Das Gleichnis vom ohnmächtigen Vater

Das Gleichnis vom „Verlorenen Sohn", das uns im ersten Teil führen soll, könnte man auch das Gleichnis vom „ohnmächtigen Vater" nennen. Der Vater, wie er in diesem Gleichnis erscheint, ist ohnmächtig, weil er liebt.

Weiter sagte Jesus: Ein Mann hatte zwei Söhne. Der jüngere von ihnen sagte zu seinem Vater: Vater, gib mir das Erbteil, das mir zusteht. Da teilte der Vater das Vermögen auf. Nach wenigen Tagen packte der jüngere Sohn alles zusammen und zog in ein fernes Land. Dort führte er ein zügelloses Leben und verschleuderte sein Vermögen. Als er alles durchgebracht hatte, kam eine große Hungersnot über das Land, und es ging ihm sehr schlecht. Da ging er zu einem Bürger des Landes und drängte sich ihm auf; der schickte ihn aufs Feld zum Schweinehüten. Er hätte gern seinen Hunger mit den Futterschoten gestillt, die die Schweine fraßen; aber niemand gab ihm davon. Da ging er in sich und sagte: Wie viele Tagelöhner meines Vaters haben mehr als genug zu essen, und ich komme hier vor Hunger um. Ich will aufbrechen und zu meinem Vater gehen und zu ihm sagen: Vater, ich habe mich gegen den Himmel und gegen dich versündigt. Ich bin nicht mehr wert, dein Sohn zu sein; mach mich zu einem deiner Tagelöhner. Dann brach er auf und ging zu seinem Vater. Der Vater sah ihn schon von weitem kommen, und er hatte Mitleid mit ihm. Er lief dem Sohn entgegen, fiel ihm um den Hals und küßte ihn. Da sagte der Sohn: Vater, ich habe mich gegen den Himmel und gegen dich versündigt; ich bin nicht mehr wert, dein Sohn zu sein. Der Vater aber sagte zu seinen Knechten: Holt schnell das beste Gewand, und zieht es ihm an, steckt ihm einen Ring an die Hand, und zieht ihm Schuhe an. Bringt das Mastkalb her, und schlachtet es; wir wollen essen und fröhlich sein. Denn mein Sohn war tot und lebt wieder; er war verloren und ist wiedergefunden worden. Und sie begannen, ein fröhliches Fest zu feiern.

Lk 15,11–24

Wenn es irgendwo einen „permissiven", ja „antiautoritären" Vater gibt, dann hier in diesem Gleichnis vom „Verlorenen Sohn". Der Vater – und der Vater des Gleichnisses verweist auf Gott – begnügt sich nicht etwa mit dem Nutznießungsrecht, sondern er teilt seinem jüngeren Sohn auf dessen Begehr das Erbe zu, obwohl er ahnt oder sogar weiß, was daraus werden wird. Er nimmt seinen Sohn ernst. Er läßt seinen Sohn ziehen, weil er die Freiheit des Sohnes respektiert. Er läßt seinen Sohn – obwohl er die Macht dazu ja hätte – weder durch die Polizei noch durch gute Freunde nach Hause schaffen, als dieser in der Stadt zu verkommen droht. Aber dieser Vater leidet, weil seine Liebe nicht beantwortet wird – wie Liebe immer leidet, wenn sie nicht beantwortet wird. Das wissen wir alle aus Erfahrung.

Vielleicht ist jemand unter Ihnen, der den Schmerz dieses Vaters nachfühlen kann. Da haben Sie jahrelang alles für Ihr Kind getan, weder Arbeit gescheut noch mit Zeit oder Geld oder Liebe gegeizt, damit Ihr Kind gut herauskomme, eine Lehre oder ein Studium machen kann – und nun kehrt Ihr Kind Ihnen den Rücken, zieht aus, haut ab: vielleicht in die Drogenszene, vielleicht in eine Sekte – und Sie sind völlig ohnmächtig. Es bricht Ihnen fast das Herz, weil Sie Ihr Kind lieben – aber wenn das Kind nicht selber zurück will, können Sie nichts machen. Das ist die Ohnmacht der Liebe. Natürlich können Sie im Einzelfall Ihr Kind vielleicht mit Drohung und Erpressung im Elternhaus zurückbehalten oder es mit Gewalt zurückholen – dann aber haben Sie Ihr Kind verloren, denn Liebe braucht Freiheit.

Weil der Vater im Gleichnis seinen Sohn liebt, deshalb ist er ohnmächtig. So bleibt dem Vater nichts anderes übrig, als seinen wegziehenden Sohn, der sich in der Fremde verliert, mit einem Herzen voll brennender Liebe zu begleiten – so sehr, daß er schon bereit steht, als der Sohn völlig gescheitert nach Hause kommt. Der Vater eilt ihm entgegen, fällt ihm um den Hals, küßt ihn, unterbricht sogar das Schuldbekenntnis seines Sohnes – und feiert großartig die Heimkehr.

Liebe leidet, solange sie nicht beantwortet wird

Damit ist das Gleichnis aber noch nicht zu Ende. Das Erschütternde ist der Schluß der Geschichte. Der Vater riskiert, durch seine Liebe jetzt seinen älteren Sohn zu verlieren.

Sein älterer Sohn war unterdessen auf dem Feld. Als er heimging und in die Nähe des Hauses kam, hörte er Musik und Tanz. Da rief er einen der Knechte und fragte, was das bedeuten solle. Der Knecht antwortete: Dein Bruder ist gekommen, und dein Vater hat das Mastkalb schlachten lassen, weil er ihn heil und gesund wiederbekommen hat. Da wurde er zornig und wollte nicht hineingehen. Sein Vater aber kam heraus und redete ihm gut zu. Doch er erwiderte dem Vater: So viele Jahre schon diene ich dir, und nie habe ich gegen deinen Willen gehandelt; mir aber hast du nie auch nur einen Ziegenbock geschenkt, damit ich mit meinen Freunden ein Fest feiern konnte. Kaum aber ist der hier gekommen, dein Sohn, der dein Vermögen mit Dirnen durchgebracht hat, da hast du für ihn das Mastkalb geschlachtet. Der Vater antwortete ihm: Mein Kind, du bist immer bei mir, und alles, was mein ist, ist auch dein.

Lk 15,25–31

Der ältere Sohn kommt von der Arbeit heim, sieht das Fest und wird neidisch. Er macht dem Vater Vorwürfe: Nie wurde mir ein solches Fest bereitet, obwohl ich dir immer treu diente. Und jetzt kommt dein jüngerer Sohn, der Taugenichts, nach Hause, und du machst ein Fest. Und wieder ist der Vater ohnmächtig. Er will dem älteren Sohn zu verstehen geben: Ich hab' dich doch gern; alles, was mein ist, ist auch dein. Komm herein, freu dich mit uns! Gib deinem Bruder die Hand. Der Vater ist auch dem älteren Sohn gegenüber ohnmächtig, solange der ältere Sohn nicht von sich aus begreift: Ich hab' doch einen herrlichen Vater, er liebt auch mich ganz vorbehaltlos. Also gehe ich hinein und gebe meinem Bruder die Hand. Ob er es getan hat, wissen wir nicht. Was wir am Schluß des Gleichnisses sehen, ist wieder die völlige Ohnmacht des Vaters, der eben liebt. Er bräuchte ja nur zwei seiner Knechte herbeizuwinken, und der ältere Sohn wäre mit Gewalt binnen kurzem im Festsaal – aber dann hätte er ihn auch für immer verloren. Liebe respektiert die Freiheit des andern, aber Liebe leidet, solange sie nicht beantwortet wird.

Jesus entläßt uns am Schluß des Gleichnisses mit dem Bild des ohnmächtigen Vaters, der draußen im Dunklen steht und nichts hat als seine Liebe – und zugleich mit dem Bild des älteren Sohnes, bei dem noch alles offen ist. Gott, wie er in diesem Gleichnis erscheint, ist ein Vater, der liebt und deshalb völlig ohnmächtig ist, solange seine Söhne nicht freiwillig auf seine Liebe antworten. Das ist das Unerhörte: Gott, der souveräne Herr des Himmels und der Erde, bettelt um Liebe, aber der souveräne, allmächtige Gott ist völlig ohnmächtig, wenn wir seine Liebe nicht beantworten. Gott hat uns die Freiheit gegeben, damit wir einander lieben und so auch ihn lieben – aber wenn wir nicht wollen, kann auch Gott nichts machen, auch er kann unsere Freiheit nicht zwingen. Erschütternde Ohnmacht der Liebe.

Aber – und nun kommt das große Aber. Und damit komme ich zur zweiten Überlegung: Gott ist nicht nur die Ohnmacht der Liebe, sondern Gott ist auch die Macht der Liebe. Und hier zeigt sich nun erst der Unterschied zwischen Gott und uns. Ich verlasse damit das Gleichnis vom „Verlorenen Sohn" und setze neu an.

Er wird unsere Liebe zur Vollendung führen

Gott ist so lange ohnmächtig, als wir nicht aus freiem Herzen antworten auf seine Liebe. Wenn wir aber frei auf Gottes zuvorkommende Liebe antworten – und das heißt, uns einerseits auf das Gebot der Nächstenliebe einlassen und andererseits einander in Eros und Liebe, in Freundschaft und Partnerschaft zugetan sind, dann dürfen wir auf Gott zählen, dann kommt seine Macht uns zu Hilfe, dann wird er unsere angefangene, aber immer zerbrechliche und gefährdete Liebe zur Vollendung führen. Erst wenn wir auch dieses Zweite verstehen, leuchtet uns die Herrlichkeit jenes Gottes auf, den Jesus verkündet hat.

Gott will, daß wir füreinander einstehen: das meint Nächstenliebe. Gott will aber auch, daß wir miteinander glücklich werden in Eros und Zärtlichkeit, in Freundschaft und Partnerschaft. Wenn wir nun diesem Wunsch Gottes entsprechen – also füreinander in Nächstenliebe einstehen und miteinander ein Leben aufbauen in Freundschaft und Partnerschaft –, dann geraten wir früher oder später in Not und ins Leiden; und dann zeigt sich die Macht der Liebe, die Macht Gottes, die uns aus dieser Not und diesem Leiden befreit. Wir müssen zunächst einmal über Nächstenliebe und ihre Not nachdenken und dann auch etwas zur Freundschaft und Partnerschaft und ihrem Leiden sagen.

Gott will im Nächsten geliebt werden

Wenn wir unseren Bruder, unsere Schwester lieben, lieben wir Gott. Wer sagt, er liebe Gott und seinen Bruder haßt, der ist ein Lügner, steht im Neuen Testament, Gott *will* im Menschen geliebt werden!

Aber Nächstenliebe, ohne Kompromisse praktiziert, führt in der Welt, wie sie nun mal ist, ins Leiden. Soll ich denn diesem Gauner, der mir Unrecht getan hat, einfach verzeihen? Ohne nachzutragen? Ich bin doch nicht blöd. Dann wird der andere mich ja nur noch mehr ausnützen. Soll ich, wenn ich sehe, daß meinem Nachbarn Unrecht geschehen ist, hingehen zu den Behörden oder zu dem, der ihm Unrecht getan hat, und protestieren und meinem Nachbarn zu seinem

Recht verhelfen? Dann mache ich mich doch nur unbeliebt. Wer sich ohne zu mogeln auf das so einfache Gebot der Nächstenliebe einläßt, der gerät unweigerlich in Not und ins Leiden. In der Welt muß man mogeln können, mit den Wölfen heulen können – dann bringt man's zu etwas: denn Lügen haben lange Beine und unrecht Gut gedeiht prächtig.

Sigmund Freud, der große Menschenkenner, hat richtig gesehen: Das Gebot der Nächstenliebe ist unvernünftig und undurchführbar, und das Gebot der Feindesliebe ist absurd. Und Heinrich Heine schreibt im Hinblick auf die christliche Feindesliebe voll Sarkasmus folgendes: „Ich habe die friedlichste Gesinnung. Meine Wünsche sind: eine bescheidene Hütte, ein Strohdach, aber ein gutes Bett; gutes Essen, Milch und Butter, sehr frisch. Vor dem Fenster Blumen, vor der Tür einige schöne Bäume; und wenn der liebe Gott mich ganz glücklich machen will, läßt er mich die Freude erleben, daß an diesen Bäumen etwa sechs bis sieben meiner Feinde aufgehängt werden. Mit gerührtem Herzen werde ich ihnen vor ihrem Tod alle Unbill verzeihen, die sie mir im Leben zuge-

fügt haben – ja, man soll seinen Feinden verzeihen, aber nicht früher, als bis sie gehängt
werden." Ist das Gebot der Nächsten- und
Feindesliebe unvernünftig, wie Freud meint
und Heine spottet? Sind wir völlig überfordert?

War der Pater Maximilian Kolbe verrückt, als er in Auschwitz freiwillig, stellver-
tretend für den Vater von drei Kindern in den
Tod ging? Sind alle jene südamerikanischen
Christen – Bischöfe, Priester, Laien – verrückt, wenn sie sich radikal für die Armen,
Ausgebeuteten und Beleidigten einsetzen
und dann von der Geheimpolizei oder andern Todeskommandos abgeholt, gefoltert
und ermordet werden? Sind jene russischen
Christen verrückt, die gegen die Verletzung
der Menschenrechte in ihrem Land protestieren und dann hinter schalldichten Türen der psychiatrischen Spezialklinik oder
hinter den Stacheldrahtverhauen der Konzentrationslager verschwinden? Nein, sie
sind nicht verrückt. Sie nehmen nur das Gebot der Nächstenliebe ernst.

Darum nochmals: hat Freud recht, hat
Heine recht, war Jesus naiv, wenn er Nächstenliebe fordert? Keineswegs, sondern Jesus

wußte, daß sein Vater noch andere Hände hat als die unseren, und so kann Jesus allen, die wegen praktizierter Nächstenliebe in Not und Leiden geraten, zurufen: „Selig sind, die um der Gerechtigkeit willen verfolgt werden, denn ihrer ist das Himmelreich. Selig sind, die da hungern und dürsten nach der Gerechtigkeit, denn sie werden satt werden" (Mt 5, 10 und 6). Mein Vater, so meint Jesus, wird der Liebe und der Gerechtigkeit zum Sieg verhelfen, denn mein Vater hat Freude an der Liebe, Freude an der Gerechtigkeit. Allerdings: damit Gott die Macht der Liebe, unsere oft mit Füßen getretene Liebe vollenden kann, muß sie hier und heute anfangen. Den Rest wird Gott besorgen. Das hat Jesus gemeint!

Der Tod beleidigt die Liebe

Wenn Gott will, daß wir einander lieben, so ist dabei nicht nur die christliche Nächstenliebe gemeint, sondern auch das liebende Miteinander in Eros und Sexualität, in Partnerschaft und Freundschaft. Der Mensch, dieses einsame Wesen, sehnt sich nach Liebe. Der tiefste Wunsch eines jeden Menschen, ob er es sich eingesteht oder nicht, ist der: wenn ich doch einen Menschen hätte, der mich annimmt und gern hat, so wie ich bin, mit meinen Ängsten und Zweifeln, mit meinen guten und weniger guten Seiten. Philosophen, Psychologen und unser eigenes Herz sagen uns: Das Glück ist vor allem die Liebe. Der Sinn des Lebens ist vor allem die Liebe. Der französische Marxist und Christ Roger Garaudy spricht in seinem autobiographischen Werk „Menschenwort" ohne Scheu von der Liebe. In ihr sieht Garaudy vor allem das Glück. Wenn ein Marxist dies sagt, klingt es weniger verdächtig, als wenn ich, ein spätbürgerlicher, aufgeklärter, gebrochener Europäer dies sage. Nun – Gott gönnt uns diese Liebe. Er hat diese Liebe auch nicht zur Quelle der Schuldgefühle gemacht. Er hat uns ja für diese Liebe geschaffen. Aus diesem vielschichtigen und facettenreichen Phänomen der Liebe möchte ich hier und jetzt nur einen einzigen Aspekt herausgreifen, und zwar einen Grenzaspekt, damit wir verstehen, was es heißt, daß unser Gott die Macht der Liebe ist, daß er Freude an der Liebe hat, daß Gott will, daß wir träumen dürfen. Das Grenzphänomen, das ich meine, ist der Tod.

Die Liebe, unser Glück, wird beleidigt durch den Tod. Der Tod, dieser letzte Abschied, ist eine Beleidigung der Liebe. Rein biologisch gesehen, ist der Tod zwar die natürlichste Sache der Welt. Deshalb redet heute die ganze Welt vom sogenannten „natürlichen Tod". Ich möchte aber den Tod nicht nur biologisch sehen, sondern ich meine, man muß den Tod so sehen, wie er auf die Liebe wirkt, und dann gilt: Der Tod ist eine Beleidigung der Liebe. Denn die Liebe, die glückt, will Ewigkeit. Das ist ihre Logik. Der Tod durchkreuzt diese Logik der Liebe, darum ist er so revoltierend. Wenn zwei sich ein Leben lang gestritten haben, dann ist der Tod kein so großes Problem, dann mag er im Gegenteil eine Erleichterung sein. Der Tod wird erst zum Problem für die Liebe, die glückt, für die große, starke Liebe mitten im Leben. Diese große, starke, glückliche Liebe wird durch den Tod beleidigt, weil sie durch den Tod zerrissen wird. Man muß den Tod immer sehen, wie er auf die Liebe wirkt, denn es geht nicht um meinen Tod – wir Christen sind keine Narzißten –, sondern es geht um den Tod meiner Freunde, um den Tod der Liebenden. Das ist das Revoltierende des Todes, daß er uns unsere Lieben, unsere Freunde wegnimmt.

Die Liebe siegt und nicht der Tod

Was sagt uns das Neue Testament zum Tod? Verschweigt und verdrängt es ihn? Tabuisiert es ihn? Keineswegs. Jesus hat uns eine neue Gemeinschaft untereinander und mit Gott versprochen. Diese neue Gemeinschaft ist aber nur möglich, wenn die Liebe siegt, nicht der Tod. Das ist denn meines Erachtens auch eine der Zentralaussagen des Neuen Testaments: Die Liebe siegt, nicht der Tod, weil Gott eine neue Gemeinschaft unter uns und mit sich will. Gott hat nämlich Freude an der Liebe, und der Schöpfergott wird somit am Schluß der Liebe zum Sieg verhelfen. Das meint Auferstehung der Toten. Würde ich das verschweigen, würde ich dem Neuen Testament das Herz ausreißen.

Jesus gibt uns die phantastische Freiheit, angesichts des Todes, ja angesichts der Kindergräber zu glauben, daß die Liebe siegt, nicht der Tod. Das ist ohne Gott nicht möglich. Aber mit Gott ist es selbstverständlich. – So hat Jesus gedacht und Paulus nicht anders, denn Gott hat Freude an der Liebe.

Wir müssen nur eins tun

Gott ist ohnmächtig, solange wir nicht aus freiem Herzen auf seine Liebe antworten. Gott respektiert unsere Freiheit, denn ohne Freiheit keine Liebe. Wenn wir aber aus freiem Herzen auf Gottes Liebe antworten, sie im Nächsten sozusagen verifizieren und uns auf die Nächstenliebe einlassen und einander in Eros und Partnerschaft, Familie und Freundschaft liebend zugetan sind – und dadurch in Not und in Leiden geraten –, dann kommt die andere Seite Gottes zum Zuge: die Macht der Liebe, die Macht des allmächtigen Vaters. Dann wird nämlich der allmächtige Vater, das heißt die Macht der Liebe, dafür sorgen, daß unsere angefangene Liebe zur glücklichen Vollendung kommt. Mit der Liebe anfangen, das ist unsere Aufgabe, die Liebe vollenden, das ist Gottes Sache, denn Gott hat Freude an der Liebe.

Um unseren phantastischen Gott zu ver-

stehen, brauchen wir keine speziell fromm
veranlagten Menschen zu sein. Wir müssen
nur eines tun: uns auf die Nächstenliebe einlassen, ohne zu mogeln, uns auf Partnerschaft und Freundschaft einlassen, fest und
stark, ohne schlechtes Gewissen. – Und
wenn uns dann unsere Liebe in Not und ins
Leiden führt, dann dürfen wir träumen, das
heißt hoffen, daß Gott, die Macht der Liebe,
unsere angefangene Liebe vollenden wird,
weil Gott, der Schöpfer, Freude hat an der
Liebe. So hat Jesus gedacht.

Wer ist also Gott? Gott ist der, dem allein
wir Hoffnung schuldig sind, während wir
einander die Liebe schulden.

Gott – ein beleidigter Vater?

Im Gleichnis vom „Verlorenen Sohn", im wohl schönsten Gleichnis Jesu, wird Unerhörtes gesagt. Und so ist es denn nicht verwunderlich, wenn Christen immer wieder versucht haben, diese Botschaft abzuschwächen, sogar zu pervertieren. Mit diesem Gleichnis will Jesus uns zu verstehen geben, wie Gott mit uns umgeht, auch wenn wir schuldig geworden sind, und wie wir in der Nachfolge Gottes miteinander umgehen sollen, um nicht aneinander schuldig zu werden.

Ein Mißverständnis, das auch heute noch vorkommt

Das „Fest der Verlorenen" (Ernst Fuchs) – so müßte dieses Gleichnis Jesu heißen, denn

„verloren" ist nicht nur der jüngere Sohn, wie wir gewöhnlich meinen, „verloren" ist auch der ältere Sohn, ja „verloren" ist in gewissem Sinn auch der Vater. Verloren sind zuerst mal alle drei, weil sie einander nicht verstehen. Der Ausgangspunkt ist ein tragisches Mißverständnis, wie es auch heute noch oft zwischen Gott und uns Menschen vorkommt.

Da ist zuerst einmal der Vater: Er ist die Zentralfigur des Gleichnisses. Sein Wesen ist Liebe, Mitleid, Erbarmen. Aber – und das ist das Drama des Vaters – seine Söhne verstehen nicht, daß ihr Vater ein souverän gütiger Vater ist, der nur eines will: daß seine Söhne Leben haben und daß sie es in Fülle haben. So leidet denn dieser Vater und ist „verloren", wie Liebe immer leidet und verloren ist, wenn sie keine Antwort findet. Die Freude des Vaters wäre erst dann ganz, wenn seine Söhne merken: wir haben einen herrlichen Vater, der uns das Glück gönnt.

Dann der jüngere Sohn: Er ist verloren, weil er seinen Vater falsch einschätzt. Er meint, er könne in der Nähe des Vaters nicht frei werden und sich selbst verwirklichen. Er glaubt nicht, daß sein Vater ihm das Leben und die Freiheit gönnt. Der jüngere Sohn gleicht darin vielen Christen, die immer noch meinen, Gott schnüre sie mit Geboten und Verboten ein, lasse sie nicht frei atmen. So zieht denn der Jüngere aus, weil er sich ein falsches Bild vom Vater macht. Aber er findet fern vom Vater nicht die Freiheit, von der er träumt, sondern das nackte Nichts.

Und dann der ältere Sohn, der zu Hause bleibt, der sogenannte brave. Auch er ist verloren, weil er das Herz seines Vaters nicht kennt. Er meint, er müsse sich die Liebe seines Vaters verdienen. Er kann sich gar nicht vorstellen, daß sein Vater bedingungslos liebt. Dieses groteske Mißverständnis teilen mit ihm noch heute viele Christen. Leistung, Lohn, Strafe, das sind die Kategorien, in denen der ältere Sohn seine Beziehung zum Vater lebt.

Wie kommt es zum Fest der Verlorenen?

Wie kommt es zur Auflösung dieses fatalen Mißverständnisses? Wie kommt es zum Fest der Verlorenen? Als der jüngere Sohn fern vom Vater vor dem physischen und morali-

schen Nichts steht, geht er in sich. Seine aus-
sichtslose Lage – und nichts anderes – ist das
Motiv seiner Besinnung. Das Elend bringt
ihn zur Vernunft: „Da ging er in sich und
sprach: Wie viele Tagelöhner meines Vaters
haben Brot im Überfluß, ich aber komme
hier vor Hunger um. Ich will mich aufma-
chen und zu meinem Vater gehen und ihm
sagen: ‚Vater, ich habe gesündigt gegen den
Himmel und vor dir; ich bin nicht mehr wert,
dein Sohn zu heißen; stelle mich wie einen
deiner Tagelöhner‘ " (Lk 15,17–19). Der
Sohn macht sich nichts mehr vor. Er gibt
seine Schuld zu, und damit ist der entschei-
dende Schritt zur Umkehr vollzogen. Aber –
seinen Vater hat er noch nicht verstanden. Er
hofft zwar auf Gnade, aber er erwartet auch
Strafe: Als Taglöhner nämlich hofft er ein-
gestellt zu werden – das ist das Äußerste,
was er sich vorzustellen vermag, denn auch
er denkt in den Kategorien dieser Welt: in
den Kategorien von Leistung – Lohn –
Strafe. Er kennt seinen Vater noch nicht.

So macht er sich denn auf den Heimweg –
und nun überstürzen sich die Ereignisse. Der
Vater wartet schon auf ihn, ja eilt ihm entgegen (etwas ganz Ungewöhnliches für einen

alten Orientalen; eilen ist normalerweise unter seiner Würde), umarmt und küßt seinen Sohn als Zeichen der Vergebung. In diesem Augenblick geht dem Sohn erst auf, wer sein Vater ist: der bedingungslos Liebende, bedingungslos Verzeihende, der dem schuldig Gewordenen *unverdientermaßen* gnädig ist. Weit und breit ist kein beleidigter Vater zu sehen, der Vorleistungen verlangt, Sühne fordert, Strafe verhängt. Wohl aber war der Vater traurig, solange er nicht verstanden wurde, solange seine Liebe nicht geglaubt wurde. Und jetzt, nachdem der Sohn endlich durch Umwege und Irrwege die Liebe des Vaters verstanden hat, organisiert der Vater ein Fest und freut sich, weil Liebe sich immer freut, wenn sie verstanden, wenn sie angenommen, wenn sie geglaubt wird.

Und was geschieht? Der ältere, zu Hause gebliebene, brave Sohn wird eifersüchtig und entrüstet: „Nie wurde mir ein solches Fest bereitet, obwohl ich dir die ganze Zeit treu diente und nie dein Gebot übertreten habe, und nun kommt dein Sohn, diese zweifelhafte Gestalt, heim, und du machst ein Fest." Der Vater versucht, seinen Älteren vom Leistung-Lohn-Denken wegzubringen: „Junge, du bist allzeit bei mir, was mein ist, ist dein, komm rein, gibt deinem Bruder die Hand. Freu dich mit uns." Dem älteren Sohn wird hier viel zugemutet: Er soll seinem aus schlimmer Vergangenheit heimgekehrten Bruder die Hand geben, ihn als Bruder anerkennen, sich zusammen mit seinem Bruder über die neu geschenkte Gemeinschaft freuen und so die Freude des Vaters voll machen. Ob er es getan hat, wissen wir nicht. Sicher ist dies: In der neidlosen Anerkennung seines Bruders ist das Heil des Älteren, des sogenannten Gerechten, zu finden. Aber – er kann seinem Bruder wohl erst dann die Hand reichen, wenn er sein bisheriges Vaterbild ändert.

Was folgt daraus für uns hier und jetzt? Ein Doppeltes, wie mir scheint.

Nur so wird Gemeinschaft unter uns möglich

Zunächst: Wenn wir uns als den von zu Hause weggelaufenen jüngeren Sohn verstehen, brauchen wir nicht zu verzweifeln. Es gibt vor Gott keinen verlorenen Menschen.

Du darfst heimkehren, wer du auch bist, was du dir auch vorwerfen mußt. Du mußt nur bereit sein, deinen Stolz fahren zu lassen und mit leeren Händen Gottes Erbarmen zu empfangen. Du mußt dich nicht selber rechtfertigen und entschuldigen wollen. Gott verzeiht bedingungslos.

Aber auch dies: Wenn wir uns aber als den zu Hause gebliebenen älteren Sohn verstehen, dann sind wir gefragt: sind wir bereit, Gott Gott sein zu lassen, das heißt, ihn als den bedingungslos Liebenden, bedingungslos Verzeihenden praktisch anzuerkennen? Und wann tun wir das? Dann und nur dann, wenn wir bereit sind, den Bruder und die Schwester, die anders leben als wir, die vielleicht mit dem Gesetz und der Moral in Konflikt geraten sind, als unseren Bruder und unsere Schwester anzuerkennen, neidlos anzuerkennen und uns mit ihnen zusammen zu freuen über neues gemeinsames Leben.

Nicht selten wurde im Laufe der Jahrhunderte das Gottesverständnis des Jesus von Nazaret verdunkelt und durch Höllenpredigten geradezu pervertiert. Aber der Gott Jesu ist so ganz anders, als unsere archaischen Phantasien, Ängste und Zwänge es wahrhaben wollen. Er ist der bedingungslos verzeihende, nicht ein grausamer und harter Gott. Beim Gott Jesu ist das Geschenk das Erste: Du bist angenommen, wer du auch bist, du bist bejaht, was du dir auch vorwerfen mußt. Das ist die Frohbotschaft, das ist der erste Schritt. Und dann erst folgt der zweite: Geh hin und nimm auch den andern an. Geh hin, und laß auch die anderen gelten, das heißt z. B.: richte nicht! Du weißt ja nicht, was für persönliche Dramen sich bei denen abspielen, die anders leben als du, anders gelebt haben als du. Den andern gelten lassen heißt auch: immer wieder verzeihen, auch nach zehn Enttäuschungen noch ein elftes Mal Vertrauen schenken. Den andern gelten lassen heißt: nicht über Leichen gehen. Leichen gibt es nicht nur, wenn Revolver und Messer im Spiel sind, dazu genügt oft ein tötender Blick, ein giftiges Wort, ein eisiges Schweigen. Den andern gelten lassen heißt: am Einsamen nicht achtlos vorübergehen. Wir hier im reichen Westen, in unseren reichen Städten, haben ja das zweifelhafte Privileg, wohl am meisten einsame Menschen auf einem Quadratmeter zu besitzen. Radikale Einsamkeit ist etwas Fürchterliches. Wie manch leerer Blick zeigt uns doch: „Ich hab' keinen Menschen – hast du nicht ein wenig Zeit für mich – ein wenig Liebe für mich?"

Gott hat Freude am Menschen. Darum heißt sein Evangelium: Du bist angenommen, du bist bejaht, gehe hin und nimm auch die anderen an, gehe hin und laß auch die anderen gelten. Denn nur so wird Gemeinschaft unter uns möglich.

Gott durchbricht die Mechanismen von Leistung und Neid

Würde in unserer Leistungsgesellschaft ein Arbeitgeber so vorgehen, wie der Herr des Weinbergs (in Jesu Gleichnis), er wäre binnen kürzester Zeit bankrott. Das wäre wirtschaftlicher Selbstmord. Der Gott Jesu aber kann sich ein nach wirtschaftlichen Kriterien sinnloses Vorgehen erlauben; denn Gott ist ein Arbeitgeber nicht wie die andern. Dieser Wahrheit wollen wir jetzt nach-denken. Das Gleichnis von den „Arbeitern im Weinberg" soll uns dabei helfen:

Denn mit dem Himmelreich ist es wie mit einem Gutsbesitzer, der früh am Morgen sein Haus verließ, um Arbeiter für seinen Weinberg anzuwerben. Er einigte sich mit den Arbeitern auf einen Denar für den Tag und schickte sie in seinen Weinberg. Um die dritte Stunde ging er wieder auf den Markt und sah andere dastehen, die keine Arbeit hatten. Er sagte zu ihnen: Geht auch ihr in meinen Weinberg! Ich werde euch geben, was recht ist. Und sie gingen. Um die sechste und um die neunte Stunde ging der Gutsherr wieder auf den Markt und machte es ebenso. Als er um die elfte Stunde noch einmal hinging, traf er wieder einige, die dort herumstanden. Er sagte zu ihnen: Was steht ihr hier den ganzen Tag untätig herum? Sie antworteten: Niemand hat uns angeworben. Da sagte er zu ihnen: Geht auch ihr in meinen Weinberg! Als es nun Abend geworden war, sagte der Besitzer des Weinbergs zu seinem Verwalter: Ruf die Arbeiter, und zahl ihnen den Lohn aus, angefangen bei den letzten, bis hin zu den ersten. Da kamen die Männer, die er um die elfte Stunde angeworben hatte, und jeder erhielt einen Denar. Als dann die ersten an der Reihe waren, glaubten sie, mehr zu bekommen. Aber auch sie erhielten nur einen Denar. Da begannen sie, über den Gutsherrn zu murren, und sagten: Diese letzten haben nur eine Stunde gearbeitet, und du hast sie uns gleichgestellt; wir aber haben den ganzen Tag über die Last der Arbeit und die Hitze ertragen. Da erwiderte er einem von ihnen: Mein Freund, dir geschieht kein Unrecht. Hast du nicht einen Denar mit mir vereinbart? Nimm dein Geld und geh! Ich will dem letzten ebensoviel geben wie dir. Darf ich mit dem, was mir gehört, nicht tun, was ich will? Oder bist du neidisch, weil ich (zu anderen) gütig bin? So werden die Letzten die Ersten sein und die Ersten die Letzten.

Mt 20, 1–16

Die Erfolgs-Ideologie unserer Leistungs- und Konsumgesellschaft ist von ungeheurer

Härte und Grausamkeit: ihr liegt nicht am Menschen als Person, sondern als Arbeitskraft. Das mußten in den letzten Jahren unzählige unserer Gastarbeiter am eigenen Leibe schmerzlich erfahren: der Mohr hat seine Schuldigkeit getan, der Mohr kann gehen. Welche menschlichen Tragödien sich unter Arbeitslosen abspielen, steht in keiner Arbeitslosenstatistik.

Wer in unserer Gesellschaft etwas gelten will, muß etwas leisten und sich etwas leisten können. All jener, die nichts leisten oder deren Leistung keinen Marktwert hat – Kranke, Invalide, Rentner, Pensionäre, kontemplative Orden, Hausfrauen –, nimmt sich unsere Leistungsgesellschaft nur widerwillig an und „straft" sie mit dem Entzug ihrer gesellschaftlichen Hochschätzung. – Haben und Habenwollen ist ein Grundzug unserer Gesellschaft. Der Mensch darf nicht mehr er selber sein; er wird fremdbestimmt durch die Objekte, die er haben soll und haben muß, wie eine schamlose Reklame es ihm vorschwätzt. Hieß es früher: bete und arbeite (ora et labora), so heißt es heute: arbeite und konsumiere (labora et consume).

Neid vergiftet das Leben

Der Preis für dieses gierige Habenwollen und Habenmüssen ist hoch: viele Menschen leiden unter Streß, sind in ständiger Sorge, ihren Arbeitsplatz an einen jüngeren und tüchtigeren Konkurrenten abtreten zu müssen. Der Neid vergiftet zusätzlich so manches Arbeitsklima. Und wen der Neid gepackt hat, der geht nur noch schleppenden Schrittes in die Fabrik, ins Büro, in die Schule, weil er weiß: da ist er wieder, dem mehr gelingt als mir, der schneller befördert wird, mehr Geld verdient... Herzinfarkte, Nervenzusammenbrüche, Depressionen und Selbstmorde sind an der Tagesordnung. Wo bleibt die Menschlichkeit einer Gesellschaft, bei der die Erfolgreichen, die Angepaßten, die Funktionäre nur ein bedauerndes Achselzucken übrig haben für die Opfer des Systems, sie gleichsam als notwendiges Abfallprodukt der auf Profit eingeschworenen Produktion betrachten? Der Konsum von Beruhigungs- und Aufputschpillen blüht wie nie zuvor – und die Chemie hat kein Interesse, daß sich daran etwas ändert. Ganz im Gegenteil.

Nun soll hier keineswegs ein moderner Arbeitgeber *persönlich* angeklagt oder freigesprochen werden. Das wäre allzu billig. Unsere notwendig grobe Skizze soll nur der Hintergrund sein, vor dem wir besser verstehen können, wie ganz anders die Regeln im Reiche Gottes sind, weil Gott ein Arbeitgeber nicht wie die andern ist.

Der Vater Jesu Christi – unser aller Arbeitgeber – ist so radikal anders als die Arbeitgeber dieser Welt, daß die Leute damals Jesus nicht glauben wollten, als er von seinem Vater erzählte. Das religiöse Establishment schrie entrüstet: Unmöglich! Jesus lästert Gott, und als Gotteslästerer wurde Jesus liquidiert. Welches war denn die Botschaft Jesu?

Hunger und Durst mußt du haben

Der Vater Jesu Christi gewährt zuerst einmal *allen* Zutritt zu seinem Reich. Während die Pharisäer (die damaligen Theologen und Kirchenrechtler), die Sadduzäer (der damalige hohe Klerus) und die Essener (die damaligen Mönche) meinten, nur die Gesetzeskundigen und die kultisch Reinen hätten Zutritt zum Reiche Gottes, ist beim Vater Jesu Christi keiner im voraus ausgeschlossen. Der Vater Jesu will, daß alle – unter allen Umständen – Hoffnung haben: Zöllner und Sünder, Huren und Steuerhinterzieher, von Dämonen Besessene und von Krankheiten Gequälte, Arme und Reiche – besonders aber jene, die von der Welt und der Gesellschaft nichts mehr zu erwarten haben. Man braucht kein Leumundszeugnis mitzubringen und keine ärztliche Bescheinigung abzugeben, man wird nicht gefragt, ob man schwanger sei oder schon mal im Knast gesessen habe. Alle sind gerufen, alle sind willkommen.

Nur eine *einzige Aufnahmebedingung* muß man erfüllen – damals wie heute –: Hunger und Durst mußt du haben! „Wer Durst hat, komme zu mir und trinke!" (Joh 7,37) ruft Jesus im Tempel. Was ist damit gemeint? Es ist jener radikale Hunger und Durst, der durch nichts in dieser Welt ganz gestillt werden kann, auch wenn die Welt uns alles gibt, was sie zu geben hat. Wer meint, er brauche nur einen interessanten Job, ein Auto, eine erfolgreiche Familie, gute

Freunde, um seine tiefste Sehnsucht endgültig zu stillen, der hat zu wenig Hunger, um ins Reich Gottes aufgenommen zu werden. – Ich glaube, daß wir alle – auch in Stunden des Glücks – diesen radikalen Hunger haben, weil unser Herz größer ist als die Welt, aber wir wollen uns oft nicht eingestehen, daß wir uns diesen Hunger nicht selber zu stillen vermögen.

Im Reiche Gottes sind die Regeln anders

Welches sind die *Arbeitsregeln* im Reiche Gottes? Ich möchte hier und jetzt nur eine einzige – allerdings wichtige – nennen: Sei nicht neidisch, wenn der souverän gütige Gott in seinem Reich den Mechanismus Leistung – Lohn außer Kraft setzt. Zur Zeit Jesu sah es der fromme Jude so: Gott ist ein gerechter Gott der Vergeltung. Wer das Gesetz des Mose bis ins letzte Detail kennt und peinlich genau erfüllt, der empfängt für diese Leistung seinen wohlverdienten Lohn. Gott ist geradezu verpflichtet, meine Leistung zu honorieren. Das Schielen nach Lohn ward Bestandteil der Moral. Und mit Verachtung schaute der fromme Jude auf alle jene herunter, die das Gesetz nicht kannten, nicht erfüllten und folglich vom Reiche Gottes ausgeschlossen blieben. Nicht so, sagt Jesus. Wie denn? Nun: im Gleichnis von den Arbeitern im Weinberg – wie in dem uns schon vertrauten Gleichnis vom Verlorenen Sohn – erscheint der Vater Jesu als der souverän Gütige, der das Schema Leistung – Lohn zerbricht, indem er den Letzten, die nur eine Stunde gearbeitet haben, so viel gibt wie den Ersten, die die Hitze des Tages getragen haben. Und auch diesmal sind die Frommen entrüstet. Sie murren wider den Herrn des Weinbergs, denn sein Vorgehen ist schockierend. Und was sagt der Herr des Weinbergs seinen murrenden „Langzeitarbeitern"?: „Ist dein Auge neidisch, weil ich gütig bin" (Mt 20, 15)? Wie der ältere Sohn im Gleichnis vom „Verlorenen Sohn", so müssen auch die „Langzeitarbeiter" im Weinberg verstehen lernen, daß Gott souverän gütig ist und sie sich zusammen mit den „Kurzzeitarbeitern" an dieser Güte Gottes neidlos freuen sollen. Freuen wir uns – heute – an Gottes souveräner Barmherzigkeit, oder stehen wir neidisch abseits,

wenn z.B. Geschiedene und Wiederverhei-
ratete die Sakramente empfangen dürften?
Freuen wir uns an Gottes souveräner Güte,
oder sind wir entrüstet, wenn Priester, die
geheiratet haben, wieder in kirchlichen
Schulen angestellt werden?

Wenn wir uns als die „Langzeitarbeiter"
im Weinberg verstehen, dann gilt für uns:
Gott Gott sein zu lassen, das heißt ihn als den
souverän Gütigen, souverän Barmherzigen
anerkennen. Das kann – wie unser Gleichnis
zeigt –, nicht theoretisch geschehen, sondern
nur *praktisch:* indem wir über unsere Brüder
und Schwestern, die anders leben als wir,
anders gelebt haben als wir, nicht zu Gericht
sitzen, sondern sie ohne Ressentiment und
ohne Neid als Bruder und Schwester annehmen und uns über neues gemeinsames Leben
freuen.

„Ist dein Auge neidisch, weil ich gütig
bin?" Keiner kommt zu kurz. Auch du nicht!
Freu dich neidlos an Gottes Güte! Schiele
nicht nach Lohn. Richte nicht, und du wirst
nicht gerichtet werden.

Was gefällt Gott am Kreuz?*

Wir haben gesehen, daß unser Gott uns das Leben, die Freiheit und die Liebe gönnt und dem schuldig Gewordenen bedingungslos gnädig ist. Und nun scheint das Kreuz des Karfreitags diesen menschenfreundlichen Gott zu widerlegen. Denn – so wurden und werden wir immer noch belehrt –: Das Kreuz Christi ist der Preis, der als Wiedergutmachung für die verletzte Ehre Gottes zu zahlen war. Die Menschen – so heißt es – haben durch ihre Sünden Gott unendlich beleidigt, und der Tod Jesu am Kreuz ist das Sühneopfer, das Gott für unsere Sünden verlangt hat und das Jesus freiwillig, an unserer Stelle, für uns geleistet hat. Jesus mußte durch sein Kreuz unsere Schuld begleichen.

* In dieser Meditation wird das Geheimnis des Kreuzes vom zentralen Glaubenssatz „Gott ist die Liebe" her gedeutet. Selbstverständlich ist damit nicht alles gesagt, was theologisch zum Kreuz zu sagen wäre.

Die Ehre Gottes – das ist der lebendige Mensch

Damit stehen wir vor einem Entweder-Oder, an dem wir uns nicht vorbeimogeln dürfen. Wir fragen uns also noch einmal: Ist Gott der menschenfreundliche, gütige Vater, der uns bedingungslos gern hat, bedingungslos verzeiht, wie der Vater im Gleichnis vom „Verlorenen Sohn", oder ist Gott der harte Herr, der Sühne will und damit nicht nur das Kreuz seines Sohnes, sondern auch unser Kreuz fordert als Genugtuung für die Sünden?

Die Antwort muß klar sein: Gott ist der menschenfreundliche, gütige Vater. Er ist die Liebe. Und wir sollten die allzu menschlichen Gedanken um Sühne, Genugtuung und Loskauf getrost hintanstellen.

Wer hat denn letztlich Interesse an dieser Mystifizierung des Kreuzes, an dieser Verherrlichung des Leidens? Antwort: Die Ausbeuter, die Privilegierten, die Machtgierigen. Denn es ist leichter, die Armen und Unterdrückten unten zu halten, wenn man ihnen sagen kann: Tragt eure Leiden in Geduld, denn Gott will es so! Gott will es nicht. Gott ist kein Sadist. Gott will weder das Kreuz seines Sohnes, noch will er die Leiden der Ausgebeuteten und Beleidigten dieser Erde. Gott braucht keine Wiedergutmachung seiner Ehre. Gott hat seine Ehre vielmehr darein gesetzt, daß der Arme, Ausgebeutete, Leidende glücklich werde. Der lebendige Mensch – das ist die Ehre Gottes, wie schon der Kirchenvater Irenäus wußte. Wenn Gott die Sünde nicht ertragen kann, so nicht deshalb, weil dadurch seine Ehre verletzt wird, sonst wäre Gott nicht so *diskret*. Gott kann die Sünde deswegen nicht ertragen, weil er nicht will, daß die Menschen, die er gern hat, sich gegenseitig zerfleischen. Es geht Gott nicht um seine Ehre, sondern um unser Glück. Allerdings ist Gott kein Marxist, der uns gegen unsern Willen das Glück aufzwingen will.

Was sind die Gründe, die Jesus ans Kreuz brachten?

Wenn das so ist, wie ist dann das Kreuz Jesu zu verstehen, und was heißt dann Kreuzesnachfolge für uns heute? – Die richtige Perspektive gewinnen wir, wenn wir fragen: Welches sind die Gründe, die Jesus damals ans Kreuz brachten? Warum ist denn Jesus damals gekreuzigt worden? Jesus wurde gekreuzigt, weil er die Kreise der religiösen und politischen Führer seines Landes (Israel) störte. Weil Jesus im Namen und Auftrag seines herrlichen Gottes entschieden Partei ergriffen hat für die Hoffnungslosen, Beleidigten, Ausgestoßenen und Verzweifelten – deshalb geriet er auf tödlichen Kollisionskurs mit den religiösen und politischen Führern seines Landes, die dadurch ihre geistigen und materiellen Privilegien und Machtpositionen wegschwimmen sahen. Jesus wurde als Gotteslästerer gekreuzigt, weil er im Namen seines Vaters Freiheit und Hoffnung für *alle* brachte – und damit jene sich zu Feinden machte, die eben nicht wollten, daß Gott ein Gott *aller* sei.

Gott will eine Gemeinschaft unter uns und

mit ihm. Gott will, daß wir uns aneinander und an ihm freuen. Religiös formuliert: „Du sollst den Herrn, deinen Gott, lieben und deinen Nächsten wie dich selbst." Das ist in zwei Worten die Botschaft des Alten Testaments. Die Menschen damals aber haben diese Botschaft nicht verstanden. Mehr noch: sie fingen schon früh an, diese Botschaft zu pervertieren, indem sie im Namen Gottes einander diskriminierten, Barrikaden aufrichteten, Schuldgefühle erzeugten, Intoleranz praktizierten. Pharisäer und Sadduzäer, die Hoftheologen und der hohe Klerus bemächtigten sich Gottes, um in seinem Namen und zu seiner Ehre den Menschen schwere Lasten aufzubürden, sie in Reine und Unreine, Gerechte und Sünder einzuteilen. Die Perversion war perfekt: Gott, der Freund des Lebens und der menschlichen Gemeinschaft, wurde benützt, um menschliches Leben zu vergiften, um menschliche Gemeinschaft zu zerstören. Und so geriet Gott in den fürchterlichen Verdacht, ein Feind des Menschen zu sein. Gottes Offenbarung im Alten Testament war gescheitert, Gott hat sich den Menschen nicht verständlich machen können.

Am Kreuz schreit die Liebe

Nun, was machen Sie, wenn Sie jemanden gern haben, und der andere versteht Sie nicht? Es bleibt Ihnen wohl nur eines übrig: dem andern durch noch größere Liebe zu verstehen geben, daß Sie ihn wirklich gern haben, *denn Liebe kann nur durch Liebe geweckt werden.* Das gilt aber nicht nur für uns, das gilt auch für Gott. Nachdem die Menschen die gute Nachricht, die Gott durch das Gesetz und die Propheten geschickt hat, mißverstanden, ja sogar pervertiert haben, reagierte Gott mit noch größerer Liebe. Gott schickte seinen eigenen Sohn, den Menschen Jesus, um uns zu sagen, daß er uns wirklich alle gern hat und daß er will, daß wir alle – unter allen Umständen – Hoffnung haben. Und der Sohn Gottes, der Mensch Jesus von Nazaret, hat diese herrliche Botschaft seines Vaters in die Praxis umgesetzt, indem er den Menschen, denen er begegnete, Freiheit, Hoffnung und Zukunft gab. Und zwar allen: den Huren und Steuerhinterziehern, den Ängstlichen und Arroganten, den Kranken und Besessenen, den

Sündern und Gerechten. Alle sollen Hoffnung haben.

Und was ist passiert? Die Verwandten Jesu sagten: Du bist verrückt (Mk 3,21). Und die Hoftheologen und der hohe Klerus versuchten, Jesu Glaubwürdigkeit zu sabotieren: Du Fresser und Weinsäufer, Freund von Huren und Betrügern, was weißt du schon von Gott (vgl. Mt 11,19)? Du bist ein Gotteslästerer. Gott kann unmöglich allen Menschen gnädig sein und alle gern haben. Und als Gotteslästerer wurde Jesus liquidiert.

Jesus hat keinen Widerstand geleistet, er hat nicht zurückgeschlagen. Er ist seiner Botschaft treu geblieben, ist freiwillig den Weg zum Kreuz gegangen, um uns durch diesen seinen letzten Liebesdienst zu verstehen zu geben: Wenn ihr meinen Worten nicht glaubt, so glaubt doch, wenn ich bereit bin, mich kreuzigen zu lassen für diese herrliche Botschaft.

Ja, am Kreuz schreit die Liebe. Werden wir verstehen? Sterbend hat Jesus seinen Henkern noch verziehen (nur das Opfer kann seinen Peinigern verzeihen), um uns durch diesen mutigen und riskierten Akt zu zeigen, daß nicht der Haß das letzte Wort behalten soll und darf, sondern die Liebe. Die Liebe, die stärker ist als der Haß, und die allein den Teufelskreis von Gewalt und Gegengewalt zu sprengen vermag.

„Für uns ist er gestorben" – damit wir endlich glauben und verstehen (und zwar nicht nur mit dem Kopf, sondern auch mit den Eingeweiden): Gott hat uns alle verrückt gern und er will, daß auch wir einander Freiheit, Gerechtigkeit und Liebe gewähren, damit menschliche Gemeinschaft möglich wird! Jesus ist gekreuzigt worden, weil er in seiner leidüberwindenden neuen Praxis Gott als Feind des Leidens und Freund des Lebens vorbehaltlos zum Zuge gebracht hat. Damit hat er sich den Haß jener zugezogen, die Gott brauchen, um andere zu knechten.

Was heißt Kreuzesnachfolge heute?

Gott aber hat sich auf die Seite des Verworfenen gestellt und in Jesu Auferweckung Jesus recht gegeben: Ich bin so, wie Jesus gesagt und gelebt hat. So gesehen ist das Kreuz Jesu weder ein Zeichen der Sühne, noch ein

Zeichen der Resignation vor dem Leiden, sondern ein provokatorisches Zeichen der Auflehnung gegen Ausschließung, Ausbeutung und Unterdrückung.

Deshalb – ich beschränke mich auf einen Aspekt – heißt Kreuzesnachfolge heute: wir sollen wie Jesus uns einsetzen, daß unser Bruder frei, daß unsere Schwester glücklich werde. Und wenn wir uns in der Nachfolge Jesu für Gerechtigkeit, Freiheit und Liebe konkret und praktisch einsetzen – nicht in Utopien, sondern jeder an seinem Platz hier und jetzt –, dann geraten wir angesichts der Widerstände der Welt todsicher ins Leiden. Die Christen in Südamerika zeigen uns heute wieder besonders drastisch, was Kreuzesnachfolge heißt: Daß praktizierte Gerechtigkeit, praktizierte Nächstenliebe tödlich ausgehen kann. „Solches Leiden ist dann Ergänzung dessen, was am Leiden Christi noch aussteht", sagt Paulus. Christ sein in der Nachfolge Jesu bedeutet eine neue Praxis, die darin besteht, einander frei zu machen. Und diese neue Praxis führt uns – falls wir nicht mogeln – ins Leiden wegen der Widerstände der Welt und der Macht der Mächtigen.

Damit wir in dieser neuen Praxis nicht mutlos und zynisch werden, leuchtet uns das Licht von Ostern in unseren Alltag: Der Gekreuzigte lebt, und auch alle, die um der Gerechtigkeit und der Freiheit willen leiden müssen und erschlagen werden, werden leben.

Gott ist größer als unser Herz

Der aufgeklärte Europäer hat die Illusionen verabschiedet. Er orientiert sich am Realitätsprinzip. Er hält sich für vernünftig. Er schwört auf Tatsachen.

– *Erste Tatsache:* Die Welt ist kein Wohltätigkeitsverein. Wer in der heutigen Welt entschieden für Freiheit und Gerechtigkeit kämpft, gerät bald einmal ins Leiden. Er wird verleumdet und verfolgt, und dies keineswegs nur in Rußland und Südamerika. – Wer nicht mogelt, ist töricht. Wer die Steuererklärung genau ausfüllt, ist der Dumme. Lügen haben lange Beine und unrecht Gut gedeiht prächtig. So sind nun mal die Tatsachen. Folglich ist es vernünftiger, mit den Wölfen zu heulen und die Ellbogen zu gebrauchen. So kommt man am schnellsten und sichersten voran.

– *Zweite Tatsache:* Die Liebe – mag sie

noch so herrlich sein und mag sie auch tausendmal Ewigkeit versprechen –, sie scheitert schließlich am Tod. Der Tod ist die letzte Tatsache. Er zerreißt früher oder später jede noch so glückliche Liebe. Folglich ist es unvernünftig, die große Liebe zu suchen; sie macht uns nur verletzlich, weil sie die Abschiede unerträglich macht, vor allem den letzten Abschied: den Tod. Anstatt sich in Liebe und Partnerschaft voll zu engagieren, Treue zu wagen, Opfer auf sich zu nehmen, ist es vernünftiger, sich die kleinen Vergnügen der Stunde zu gönnen: zu konsumieren und sich zu amüsieren nach dem Motto: Laßt uns essen und trinken, denn morgen sind wir tot (vgl. 1 Kor 15,32). So sind nun mal die Tatsachen.

– *Dritte Tatsache:* Das Glück ist uns immer nur in einzelnen Augenblicken vergönnt. Folglich wäre es eine Illusion, dem großen Glück nachzujagen und die Erfüllung unserer unendlichen Sehnsucht zu erhoffen. Vernünftiger ist es, mit Sigmund Freud realistisch festzustellen: „Daß der Mensch glücklich sei, ist im Plan der Schöpfung nicht enthalten" – oder mit Kurt Tucholsky melancholisch resigniert zu konstatieren: „Die

schalldichten Türen der Folterzellen und
Spezialkliniken dieser Welt geweint und ge-
schrien werden. Und träumen dürfen auch
alle jene, die von der Welt nichts mehr zu erwarten haben: nicht nur unheilbar Kranke,
sondern auch jene, die hinter den Stacheldrahtverhauen der Konzentrationslager dieser Welt dahinvegetieren müssen. *Auferstehung* besagt nämlich: Gott wird der *Freiheit*
und *Gerechtigkeit* am Schluß zum Sieg verhelfen, denn unser Gott hat Freude an der
Freiheit und Gerechtigkeit.

Alle Tränen hat Gott gesammelt, und kein Lächeln ist ihm weggehuscht

Und wie steht es um die *Liebe*, die durch den
Tod beleidigt und verhöhnt wird? Nun: die
herrliche Botschaft der Auferstehung sagt:
Laß dich auf die Liebe ein fest und stark,
denn du darfst glauben, daß die Liebe am
Schluß siegt, nicht der Tod. Es gibt ein end-
gültiges Wiedersehen. Gott hat uns in Jesus
Christus eine *neue* Gemeinschaft mit sich
und unter uns versprochen, und die ist nur
möglich, wenn die Liebe siegt, nicht der Tod.

Gott selber wird dafür sorgen, daß unsere *angefangene* Liebe zur Vollendung kommt. Weil Gott, der Schöpfer und Neuschöpfer, Freude an der Liebe hat, gibt es die Auferstehung der Toten. Alle Tränen, die wir vergossen haben, weil wir einen lieben Menschen vielleicht allzufrüh verloren, hat Gott gesammelt, und kein Lächeln ist ihm weggehuscht. Auferstehung des Leibes heißt: der Mensch wird bei Gott die ganze Geschichte seiner Liebe wiederfinden und auch alle die, die er geliebt hat. Ewiges Leben heißt: daß die liebende Kommunikation, die auf Erden nur teilweise gelingt, nun voll gelingen wird; daß wir uns ewig aneinander und an Gott freuen dürfen. „Kein Auge hat es gesehen, und kein Ohr hat es gehört, was Gott denen bereitet hat, die ihn lieben" (1 Kor 2,9) – und die einander lieben!

Das alles heißt aber: Wir dürfen vom großen Glück träumen. Unser nicht unterzukriegender *Wunsch* nach Glück, unsere unstillbare *Sehnsucht* nach *Gerechtigkeit, Freiheit* und *Liebe* wird nicht im Nichts verhallen, sondern von Gottes Unendlichkeit aufgefangen werden; denn Gott ist größer als unser Herz, größer auch als unsere Welt.

Damit unser Traum der Traum eines wachen Christen wird

Allerdings ist dieser unser unverschämter Traum nur dann der Traum eines *wachen* Christen, wenn wir *erstens* den Tod und seine Härte nicht verniedlichen. Tun wir das nämlich, dann gerät unsere christliche Hoffnung in den Verdacht, nur die Kehrseite unseres kindlich-egoistischen „Wunsches" nach Unsterblichkeit zu sein. Deshalb gilt: erst wenn der Mensch durch lange und schmerzliche Trauerarbeit hindurch seine kindlichen Allmachtsphantasien zu verabschieden lernt, seine Endlichkeit und Sterblichkeit annimmt, das heißt, seinen unendlichen Wunsch an seinen endlichen Leib bindet, erst dann kommt der Neuschöpfer Gott als der Andere in seiner unbegreiflichen Andersheit in Sicht: als der absolut Freie, absolut Herrliche, der uns – rein aus Liebe – das unvorstellbare Geschenk einer re-creatio, einer Neuschöpfung, gewähren will. Solange wir nicht mit leeren Händen vor Gott hintreten, solange wir uns nicht eingestehen, daß wir endlich und sterblich sind, degradieren wir Gott zu einem Bedürfnisbefriediger,

das heißt zu einem Objekt, das man ver-
braucht und verzehrt. Wir sind dann im
Grunde nur in unsere eigenen Bedürfnisse
verliebt, die wir allmächtig wähnen. Die
Verwandlung des bloßen *Bedürfnisses* nach
dem andern in den *Wunsch* nach dem andern
in seiner radikalen Andersheit geschieht nur
durch den Verzicht. Der Verzicht ist die
Wahrheit des Wunsches (vgl. Mt 16,25).
Das Bedürfnis meint Notwendigkeit, es gehört in den Bereich der Aneignung und des
Verbrauchs. Das Reich des Wunsches hingegen ist die Differenz – jene Differenz, die
notwendig ist um die liebende „Kommunion" zweier Freiheiten zu ermöglichen. Erst
wenn dieser Umschlag vom Bedürfnis zum
Wunsch geschehen ist, kann der herrliche
Gott – in Freiheit und Liebe – unseren
Wunschüberschuß in seine Unendlichkeit
aufnehmen und uns als Sohn, als Tochter
anerkennen.

Damit unser Traum der Traum eines *wachen* Christen ist, dürfen wir *zweitens* nicht
die Hände in den Schoß legen und die Welt
ihrem Schicksal überlassen in der Meinung,
Gott werde dann schon dafür sorgen, daß die
Rechnung am Schluß aufgehe. Leider haben

Christen aus ihrem Auferstehungsglauben
heraus die ungerechte, unfreie und lieblose
Welt oft sich selbst überlassen und die Beleidigten und Ausgebeuteten dieser Erde allzu
billig auf das bessere Jenseits vertröstet. Wer
das tut, der hat von der christlichen Auferstehung nichts verstanden. Gott ist kein Lük-
kenbüßer für unsere Faulheit, unsere Hab-
gier und unseren Egoismus. Wenn Gott die
Gerechtigkeit, die *Freiheit* und die *Liebe*
vollenden will – und daß er das will, dafür
hat er uns in Jesu Auferweckung sein Ehren-
wort gegeben –, so setzt das voraus, daß wir
hier und heute damit anfangen, mutig und
gelassen, sachlich und frei von allen (auch
christlichen) Ideologien dafür zu kämpfen,
daß unsere Welt jeden Tag etwas menschli-
cher, das heißt zu einer Welt wird, in der auch
die Rosen blühen und in der immer mehr
Kinder fröhlich lachen dürfen. Wer glaubt,
daß Gott fürs Letzte sorgen wird, der kann
sich um so entschiedener dem Vorletzten, das
heißt, dieser unserer Welt zuwenden: ohne
Fanatismus und ohne Resignation, aber voll
Hoffnung und Zuversicht, und auch mit
Humor.

Komm, heiliger Geist!

*Der Geist und die Kommunikations-
störungen in der (katholischen) Kirche*

*Komm, o Geist der Heiligkeit!
Aus des Himmels Herrlichkeit
Sende Deines Lichtes Strahl ...*

*Wasche, was beflecket ist;
Heile, was verwundet ist;
Tränke, was da dürre steht;*

*Beuge, was verhärtet ist;
Wärme, was erkaltet ist;
Lenke, was da irregeht!*

(Aus der Pfingstsequenz)

Gott ist liebende Freiheit

Der christliche Gott ist kein alles kontrollierender Big Brother, sondern liebende Freiheit.

In Jesu Wort und Tat hat Gott uns zu verstehen gegeben, daß er ein Gott der Menschen sein will: ein Gott, der Raum für uns schafft und Zeit für uns hat; ein Gott, der will, daß wir Leben haben und es in Fülle haben (vgl. Joh 10, 10).

Gott, der uns nicht braucht, um Gott zu werden und Gott zu sein, weil er in sich selbst ewig glücklicher Dialog (Trinität) ist: Dieser Gott hat sich selbst über sich selbst hinaus so an uns verschenkt, daß er – mit Charles Péguy geredet – unser „Gefangener" geworden ist. Gott hat seine eigene Hoffnung in unsere sterblichen Hände gelegt. An uns ist es, Gott nicht zu enttäuschen.

Das ist das Wunder der Wunder: Der souveräne Herr des Himmels und der Erde hat sich freiwillig an uns gebunden, sich von uns abhängig und damit verletzlich gemacht, weil er – unerklärlich für uns – will, daß zwischen ihm und uns Liebe sei. Torheit der göttlichen Liebe (vgl. 1 Kor 1,21–25; 3,19).

Weil Liebe nur durch Liebe geweckt wer-
den kann, hat Gott sich (in der Fülle der
Zeit) in seinem Sohn, dem Juden Jesus von
Nazaret, bis in die äußerste Ohnmacht der
Liebe begeben, um durch diese letzte Liebes-
tat unsere Liebe in Freiheit zu gewinnen. Am
Kreuz schreit die Liebe. Wann werden wir
verstehen?

In Jesu Kreuz zeigt sich Gottes *Ohnmacht,* die Ohnmacht der Liebe. In Jesu
Auferweckung erscheint die *Macht* Gottes,
die Macht der Liebe. Gottes Ohnmacht ist
unsere *Chance,* denn sie läßt uns Zeit. Gott
überrennt nie und nimmer unsere oft wider-
borstige Freiheit; wohl aber lockt er uns in
geduldiger Ungeduld zur Liebe. Gottes
Macht ist unsere *Hoffnung;* denn sie ver-
spricht uns, – sogar durch den Tod hindurch
– unsere Freiheit und Liebe zu tragen und
neuzuschaffen.

Nachdem Gott uns alles geschenkt hat,
wartet er auf unsere freie Antwort, um uns,
seinen mündigen Töchtern und Söhnen, das
Fest des Lebens bereiten zu können: *anfäng-
lich und bruchstückhaft* hier und heute, indem er uns auch in der dunkelsten Nacht
immer wieder Sterne zeigt; *endgültig* dann

in jenem neuen Jerusalem, in dem Gott
selbst unsere Tränen trocknet und der Tod
nicht mehr sein wird (vgl. Offb 21,1–4).

Christen und Christinnen als Zeugen der ohnmächtigen Liebe Gottes

Von diesem Gott – der Macht und Ohnmacht der Liebe – dürfen und sollen Christen und Christinnen in der Welt und für die
Welt Zeugnis ablegen (vgl. Lk 24,48). Wir
werden deshalb unsere Befreiungslieder
(Hoffnungs- und Erinnerungslieder) singen
und unsere (letzte) Hoffnung liturgisch zu
feiern wissen. Wir werden aber auch ein Da-
sein für andere wagen, besonderes für Arme
und Beleidigte, Getretene und an den Rand
Gedrängte, so daß jene, die nicht mehr oder
noch nicht hoffen, durch unsere „Mystik
und Politik" auf unsere Hoffnung aufmerksam werden.

Deshalb wird eine „Neu-Evangelisierung"
im nachchristlichen Europa weder mit der
Angst hausieren gehen, noch mit auftrump-
fenden Halleluja-Gesängen oder billigen
Vertröstungen unter Ausnutzung menschli-

chen Elends „Seelen" zu gewinnen oder gar klerikale Macht wieder aufzurichten versuchen. Vielmehr werden „missionierende" Christinnen und Christen mit Blick auf den ohnmächtigen Jesus am Kreuz heute dies eine neu lernen müssen: Die ohnmächtige Liebe ist der Weg, den Gottes Macht in dieser Welt gegangen ist und der folglich auch von den Nachfolgern und Nachfolgerinnen Jesu zu gehen ist. Dabei mag uns der Gedanke trösten: Gott hat viele Namen. „Erfolg" (in dieser Welt) ist kein Name des christlichen Gottes. Wohl aber dürfen wir im Glauben an Jesu Auferweckung hoffen, daß Scheitern das letzte Wort nicht sein wird.

Der unverfügbare Geist als Gottes freimachende Nähe

Um diese tröstende und provozierende Hoffnung in der Gemeinschaft der Kirche lebendig zu bezeugen, ist uns der pfingstliche Geist Gottes geschenkt worden. Der Geist, diese freie und freimachende Nähe Gottes in uns, wird unsere zerbrechliche Freiheit ins eigene Können und Tun freisetzen (vgl. Röm 8,14–17), uns die richtigen Worte beim Beten (vgl. Röm 8,26 f.; Gal 4,6) und vor Gericht (vgl. Mt 10,19 f.) zuflüstern und mitten unter uns immer wieder Prophetinnen und Propheten erwecken, die uns helfen, authentische Zeugen dieses menschenfreundlichen Gottes zu sein.

Sicher: Der unverfügbare Geist Gottes weht, wo er will (vgl. Joh 3,8); der Schöpfer-Geist, der den Erdkreis erfüllt, das All zusammenhält und alle Sprachen kennt (vgl. Weish 1,7) wirkt nicht nur in den Christen und den christlichen Kirchen, sondern in allen Menschen und allen Religionen, indem er – trotz der Abgründe der menschlichen Bosheit – immer wieder alle Menschen und alle Religionen auf das kommende Neue hinzulocken versteht, das wir Christen „Reich Gottes" nennen.

Und doch tragen Christen und christliche Kirchen eine besondere Verantwortung, weil sie um den Geist Gottes ausdrücklich „wissen". Dieses Wissen wird jedoch erst dann zur ansteckenden Wahrheit, wenn Christen und Kirchen den Geist in ihrer Mitte so wirken lassen, daß die Kirche in der Welt und für die Welt zum Ort wird, an dem das kommende Reich Gottes bereits ein klein wenig *erfahren* werden kann.

Der Geist – ein konservativer Revolutionär

Der Geist Gottes ist für Christen – johanneisch geredet – der Geist Jesu, weil der Geist uns an Jesus erinnert (vgl. Joh 14,26), weil er Jesus verherrlicht (vgl. Joh 16,14) und uns in die ganze Wahrheit führen wird (vgl. Joh 16,12f.). Dieser Geist der Wahrheit, den der abschiednehmende Jesus seiner Kirche verheißt, ist ein konservativer Revolutionär.

Er ist *konservativ,* weil er uns an das erinnert, was Jesus gesagt und getan hat. Er ist *revolutionär,* weil er uns antreibt, das, was Jesus in seiner Zeit in der unbedeutenden römischen Provinz Palästina gesagt und getan hat, in unserer Zeit und unserer komplizierten Welt in riskanter Erprobung neu zu aktualisieren, so daß es jesusgemäß und evangelientreu bleibt.

Der Geist will über die Gräben der Zeitabstände hinweg jeder Zeit jenen Jesus gegenwärtig machen, den wir als Weg, Wahrheit und Leben bekennen. Der Geist versetzt uns nicht aus der Zeit, sondern er verweist uns in die Zeit, indem er uns einen langen Atem schenkt und auch den Mut zum Fragment gibt. Dieser Mut zum Bruchstückhaften bewahrt uns vor jenem absoluten Ideal, das unter den Bedingungen der unvollkommenen Welt immer wieder zum (geistigen) Terror neigt. Der Geist ist ein Liebhaber der Freiheit (vgl. 2 Kor 3,17); er löscht den glimmenden Docht nicht aus und zerbricht nicht das geknickte Rohr (vgl. Jes 42,3; Mt 12,20).

Paulinisch gesehen, ist der Geist sowohl Quelle des mitreißenden Enthusiasmus als auch des nüchternen, arbeitsintensiven Verstehens. Er bewirkt nicht nur das außergewöhnliche Zungenreden, seine Früchte sind ebenso „gewöhnlich" alltäglich: Liebe, Freude, Frieden, Langmut, Freundlichkeit, Güte, Treue, Sanftmut und Selbstbeherrschung (vgl. Gal 5,22f.).

Der Geist lockt, ermutigt und treibt uns von innen heraus auf das kommende Reich der Freiheit, Gerechtigkeit und Liebe hin, indem er uns ein neues Herz schenkt (vgl. Ez 36,24–28; 2 Kor 3,3), das uns durch alle bleibenden Unterschiede, Temperamente und Verschiedenheiten hindurch gemeinschaftsfähig macht, so daß die vielstimmige kirchliche Communio mehr und mehr zur Ikone (zum Sinnbild) des kommenden Reiches Gottes wird.

Mitten in der Welt des Todes und des Hasses sollen wir nicht nur gelassen und entschieden für das Leben und den Frieden kämpfen, sondern wir dürfen jetzt schon das Lied der neuen Welt anstimmen. Dazu ist uns der Geist geschenkt.

Suche nach Sündenböcken

Wie aber sieht die Wirklichkeit aus? Hört die Welt etwas von unserem neuen Lied? In unseren Breitengraden zumindest sind gegenwärtig mehr (kirchliche) Dissonanzen denn polyphon-harmonische Klänge zu hören.

Wer Krisen nur „moralisch" zu deuten vermag, wird mühelos Sündenböcke zu benennen wissen. So ist es z. B. für eine kleine, aber lautstarke Minderheit ausgemacht: Die Dirigenten sind vor allem schuld, weil sie – Kinder des Zeitgeistes und ängstliche Gefangene der veröffentlichten Meinung – nicht mehr mit der geforderten Energie und Härte zu dirigieren wagen. Andere hingegen finden das selbstherrliche Gebaren einiger Meisterdirigenten unerträglich. Die Dirigenten ihrerseits sind nicht zu beneiden: Sie sind unter der „Allzuständigkeit", die ihnen oft völlig unrealistisch zugemutet wird, überfordert und leiden unter Zeitmangel. Trotz besten Willens gelingt es ihnen oft nicht mehr, Brückenbauer (Pontifex!) zu sein, sondern sie drohen zwischen den rivalisierenden Gruppen und Gruppierungen zerrieben zu werden. – Einige Dirigenten suchen und finden Entlastung, indem sie Sänger und Sängerinnen der mangelnden Disziplin und Opferbereitschaft, ja sogar des offenen Ungehorsams und der Revolte bezichtigen.

Weitverbreitetes Unbehagen

Sicher ist: Das weitverbreitete Unbehagen an der Kirche und ihrem Leitungsstil kann nicht wegdiskutiert werden. Zahlreich sind denn auch die Diagnostiker und Therapeuten, die ihre Hilfe anbieten, um die kirchliche Malaise abzubauen. Besondere

Erwähnung verdient in diesem Zusammen-
hang der ausgeglichene und konstruktive
Diskussionsbeitrag der Kommission 8 (Pa-
storale Grundfragen) des Zentralkomitees
der deutschen Katholiken: „Dialog statt
Dialogverweigerung. Wie in der Kirche miteinander umgehen?", Bonn 1991. Bemer-
kenswert ist dieser Beitrag unter anderem
deshalb, weil er die kirchliche Malaise nicht
einfach personalisiert, sondern auch das ver-
änderte gesellschaftliche Umfeld mitberück-
sichtigt, das für viele binnenkirchliche Probleme mitverantwortlich ist.

Dieses Vorgehen erlaubt es, die kirchlichen
Probleme klar zu benennen, ohne sogleich
einzelne Personen moralisch anzuklagen.
Hier seien nur drei kirchliche Problemfelder
erwähnt:

Die Laien und der Klerikalismus

1. Viele Laien leiden nach wie vor unter
einem immer noch nicht überwundenen *Klerikalismus*. Der bekannte französische
Theologe Yves Congar OP begann vor
40 Jahren sein berühmtes Buch „Der Laie"
so: „Ein Katechumene fragt einen Priester,

welche Stellung denn der Laie in der Kirche innehabe. Der Laie, erwiderte der Priester, hat in der Kirche eine zweifache Stellung: vor dem Altar eine *kniende* – das ist die erste – und vor der Kanzel eine *sitzende* – das ist die zweite; (das heißt) im Grunde gibt es noch eine dritte: er zückt das Porte-Monnaie!"

Glücklicherweise hat das Zweite Vatikanische Konzil diese Sicht überwunden, indem es das gemeinsame Priestertum aller Getauften und Gefirmten wiederentdeckt hat (vgl. 1 Petr 2,9). In der Praxis aber bleibt diese Wiederentdeckung, die die Laien (Frauen wie Männer) zu eigenständiger Mitverantwortung in Kirche und Gesellschaft befähigt, allzu oft noch toter Buchstabe; denn die klerikale Bevormundung der Laien geht vielerorts weiter, unter gleichzeitiger Ausweitung ihrer Lückenbüßer- und Handlangerdienste.

Die Frauen und das Patriarchat

2. Viele Frauen fühlen sich in der immer noch *patriarchalen Männerkirche,* wie sie sich im Laufe der Jahrhunderte herausgebil-

det hat (am Anfang war es nicht so!) immer weniger zu Hause. Sie können in der real existierenden Kirche ihre unverwechselbaren Erfahrungen und reichen Begabungen kaum einbringen. Sie haben keine Stimme und werden von den wichtigen Entscheidungsprozessen und den Leitungsfunktionen ferngehalten. Sie sind der vollmundigen, letztlich aber folgenlosen Rede von der „speziellen Würde der Frau" überdrüssig. Statt Worte möchten sie endlich Taten sehen. Sie träumen von einer Kirche, in der auch ihre ureigenen Visionen, Lieder, Erfahrungen und Kompetenzen zum Tragen kommen.

Wen wundert's daher, daß zahlreiche Frauen heute lautlos und enttäuscht die patriarchale Kirche verlassen, – oder es mit einer alternativen Frauenkirche versuchen?

Die zentralistische Versuchung

3. Der seit dem Zweiten Vatikanischen Konzil überwunden geglaubte bürokratische *Zentralismus* feiert in jüngster Zeit fröhliche Urständ. Das Zweite Vatikanische Konzil hat die einseitig pyramidale Struktur der Kirche, wie sie sich seit der zweiten Hälfte des

1. Jahrtausends allmählich herausgebildet und im 19. Jahrhundert ihren Höhepunkt erreicht hat, zwar nicht umgeworfen, wohl aber korrigiert. Die katholische Kirche galt jahrhundertelang – jedenfalls für Außenstehende – als eine Variante der absoluten Monarchie, in der alles in Rom entschieden und so der Anschein erweckt wurde, die Bischöfe seien letztlich nur Vollzugsbeamte des Papstes. In dieser Perspektive blieb für die unterste Schicht, die unmündige Herde an der Basis, nur ein *einziges* Charisma übrig: die Entscheide und Befehle von oben in freudigem Gehorsam anzunehmen und in die Tat umzusetzen.

Kirche am Ort

Dieser Karikatur von Kirche hat das Konzil gewehrt, indem es die Ortsgemeinde und die Lokalkirche (Diözese) aufgewertet hat. „Die Kirche Christi" – sagt das Konzil – „ist wahrhaft in allen rechtmäßigen örtlichen Gemeinden der Gläubigen anwesend, die in der Verbindung mit ihren Hirten auch selbst im Neuen Testament Kirchen genannt werden."

Damit gewinnt die lokale Ortsgemeinde ihre ursprüngliche Eigenständigkeit zurück: Sie ist nicht nur Hörerin des Wortes und Objekt der Seelsorge, sondern sie wird selbst zur Verkünderin des Wortes, zur „missionierenden" Gemeinde.

Jeder und jede darf und soll seine Fähigkeiten, Talente und Geistesgaben so einbringen, daß die Kirche am Ort zu einer echten Hoffnungsinsel wird. Obwohl die Ortsgemeinde im ausgezeichneten Sinn „Kirche" genannt werden kann, weil sie sich um den auferstandenen Christus in ihrer Mitte versammelt und diese Auferstehungshoffnung in die Welt hinausträgt, ist sie keine *Eigenkirche;* denn sie lebt wesentlich in Beziehung mit anderen Gemeinden und der Diözese, und die einzelne Diözese lebt wieder in Gemeinschaft mit anderen Diözesen und mit der Weltkirche (und ihrem Leiter, dem Papst, als Nachfolger des hl. Petrus).

Kirche als Communio

Damit hat das Konzil den Gedanken der Communio, der in der alten Kirche großes Ansehen genoß, wieder rehabilitiert. Leitworte dieser Communio-Ekklesiologie sind: Partizipation, Mitverantwortung, Dialog, – und zwar auf allen Ebenen: der Ortsgemeinde, des Dekanats, der Region, der Diözese, der Weltkirche.

Das alles war beileibe keine Revolution, wohl aber ein Zurückfinden zu den Wurzeln; denn in der Alten Kirche war es selbstverständlich: „Was alle berührt, ist Sache aller." So schreibt – um nur *ein* Beispiel zu nennen – der Märtyrerbischof Cyprian um 250 n. Chr. aus einem Versteck heraus (es war die Zeit der Christenverfolgung) seiner Gemeinde, das heißt den Presbytern, Diakonen und allen Schwestern und Brüdern: Auf die an mich gerichtete Anfrage „kann ich allein keine Antwort erteilen; denn gleich zu Beginn meines bischöflichen Amtes habe ich beschlossen, nichts ohne Euren Rat und ohne die Zustimmung des Volkes lediglich auf Grund meiner persönlichen Ansicht zu tun." Und in einem anderen Brief: Es geht „auf ei-

ne göttliche Weisung zurück, daß der Bischof in Gegenwart des Volkes vor aller Au-
gen erwählt und durch öffentliches Urteil
und Zeugnis als würdig und geeignet anerkannt wird ... Vor der ganzen Gemeinde, so
befiehlt der Herr, soll der Hohepriester auf-
gestellt werden, das heißt: Er lehrt und zeigt,
daß die Einsetzung von Priestern nur im Ein-
verständnis mit dem dabei anwesenden
Volk erfolgen darf, damit in Gegenwart der
Gemeinde die Missetaten der Bösen aufge-
deckt oder die Verdienste der Guten geprie-
sen werden und eine rechtmäßige und ge-
setzliche Erneuerung zustandekommt, die
durch Abstimmung und Urteil der Gesamt-
heit geprüft wird."

Heute würden wir sagen: Wir alle sind
Kirche! Das Konzil hat durch die Neubele-
bung des Communio-Gedankens und die
vorsichtige Einführung des Subsidiaritäts-
prinzips in den binnenkirchlichen Raum
Hoffnungen geweckt, die sich nicht erfüllt
haben. Der jahrhundertelang eingespielte
obrigkeitliche Leitungsstil hat ein zähes Leben und scheint in den letzten Jahren erneut
zu triumphieren, wie eine Reihe von Bischofsernennungen der jüngsten Zeit beson-

ders drastisch zeigt. Bischofsernennungen ohne Rücksicht auf die Sensibilität der Ortskirche und ohne Rücksprache mit *allen* repräsentativen Gruppierungen verletzten den Communio-Gedanken und schaffen völlig unnötig Ärger und Unmut. Nur Knechte dürfen nicht wissen, was der Herr tut; in der Kirche Jesu Christi aber darf es weder Herren noch Knechte geben (vgl. Joh 15,15; Mk 10,41–45).

Dialog statt Monolog

Die drei aufgezählten Übel – Klerikalismus, Patriarchat, Zentralismus – haben vielfältige Wurzeln, können aber vereinfachend auf das eine kirchliche Grundübel zurückgeführt werden: Wir verweigern einander allzuoft und auf allen Ebenen den maskenfreien Dialog in *echter Gegenseitigkeit.* Statt dessen ziehen wir es vor, – jeder in seiner Ecke – drauflos zu *monologisieren.*

Der christliche Gott ist aber nicht Monolog, sondern Kommunikation. Prinzip dieser Kommunikation ist der Geist. Wenn man – sehr menschlich und sehr analog – den Vater mit der Kategorie „Ich" in Verbindung bringt und den Sohn mit der Kategorie „Du", wäre der Geist mit der Kategorie „Wir" zu umschreiben. Wie der Geist in Gott selbst das Wir der Person ist, so schafft er unter uns die Gemeinschaft der neuen Menschen im Namen Jesu: Männer und Frauen des Dialogs.

Nicht eine konflikt*freie* Kirche ist anzustreben, wohl aber eine konflikt*fähige* Kirche, die mit Konflikten produktiv umzugehen weiß, während die gegenwärtigen gravierenden Kommunikationsstörungen die Glaubwürdigkeit der Kirche untergraben.

Der Geist hört

Ein geheimnisvoller Satz aus dem Johannesevangelium vermag uns in dieser Situation vielleicht einen Weg ins Freie zu zeigen: „Wenn aber jener kommt, der Geist der Wahrheit ..., wird er nicht von sich aus reden, sondern wird sagen, was er *hört*" (Joh 16,13). Der Geist redet nicht nur in uns und durch uns, sondern er *hört* auch in uns und durch uns.

Aber: Hören wir wirklich, was der Geist uns durch andere sagen will, oder sind wir so in unserer Selbstherrlichkeit gefangen, daß wir meinen: Wir (ich und meine Gruppe) seien *allein* im Besitz des Geistes der Wahrheit? Lassen wir den Geist in uns *hören*, indem wir auf *andere* hören? Sind wir bereit, unsere Ansichten in der Auseinandersetzung mit anderen aufs Spiel zu setzen, oder würgen wir die Erfahrungen anderer mit dem süffisanten Satz ab: „Du bist eben noch nicht so weit!"

Der Geist hört; er ist ein Freund der offenen Kommunikation und ein Feind jeden Sektierertums. Ob wir wohl deshalb Angst vor dem Geist haben?

Dieses Plädoyer für einen echten Dialog in der Kirche ist kein Aufruf zur Nachahmung der Welt – ganz abgesehen davon, daß in der Welt echter Dialog selten ist. Wenn wir in der Kirche Frauen und Männer des Dialogs werden, sind wir bei unserer ureigensten Sache. Kirche als Communio, Kirche als Gemeinschaft der Schwestern und Brüder Jesu wird ohne echten Dialog zur Farce.

Der Geist ist allen gegeben

Das Zweite Vatikanische Konzil hat im
2. Kapitel seiner Kirchenkonstitution („Lu-
men gentium") nicht nur die gemeinsame
Würde und Berufung *aller* Gläubigen be-
tont, sondern die *fundamentale Ebenbürtigkeit aller* Glieder des Volkes Gottes festge-
halten (erst im 3. Kapitel wird dann die Aus-
differenzierung in Hierarchie und Laien
vorgenommen). Den Grund für diese fundamentale Ebenbürtigkeit aller Gläubigen hat
der Prophet Joël vorausverkündet: In der
messianischen Zeit wird der Geist Gottes *allen* geschenkt (Joël 3,1–2).

Am Pfingsttag bekennt nun die neutesta-
mentliche Kirche durch den Mund ihres
Sprechers Petrus die *Erfüllung dieser Ver-
heißung:* „Ihr Juden und alle Bewohner von
Jerusalem! ... Diese Männer sind nicht be-
trunken, wie ihr meint ..., sondern jetzt geschieht, was durch den Propheten gesagt
worden ist. In den letzten Tagen wird es
geschehen, so spricht Gott: ‚Ich werde
von meinem Geist ausgießen über alles
Fleisch ...' " (Apg 2,14–18).

Mit der pfingstlichen Ausgießung des Geistes „über alles Fleisch" beginnt die Kirche Jesu Christi. Weil der Geist – wie Joël und Petrus sagen – *allen* gegeben ist, den Jungen und Alten, den Frauen und Männern, den Freien und Sklaven, haben wir *alle* aufeinander zu hören und voneinander zu lernen. Pfingsten ist nicht nur ein Sprachwunder, sondern auch ein Hörwunder. Der Geist Gottes redet auch heute – in und durch die verschiedenen Basisgruppen und charismatischen Gebetsgruppen, in und durch ökumenisch engagierte Laien und feministische Aufbruchsgruppen, in und durch ganz „normale" Christen und Christinnen, die ohne viel Aufhebens im täglichen Leben für Gerechtigkeit und Freiheit, für Frieden und die Erhaltung der Schöpfung sich einsetzen; der Geist *redet* auch in und durch die offiziellen Amtsträger – selbstverständlich! Aber: Geben wir dem Geist auch die Chance zu *hören?*

Erst wenn wir geduldig aufeinander hörten, könnten wir die befreiende Erfahrung machen, daß in jenen Christen und Christinnen, die andere Erfahrungen machen als wir, nicht der Teufel am Werk ist, sondern jener Geist Gottes, der die Unterschiede liebt und durch die bleibenden Verschiedenheiten hindurch das Leben unserer Gemeinschaft reicher machen will.

Zum *besonderen Geist-Charisma* des Papstes und der Bischöfe gehört es, sich als „Brückenbauer" zwischen den verschiedenen Gruppen und Kräften zu erweisen und so für die *Einheit in der Vielheit* zu sorgen. Diese Brückenbauer-Funktion können sie aber dann nicht mehr erfüllen, wenn sie sich einseitig mit *einer* Strömung in der Kirche identifizieren.

„Wo der Geist des Herrn wirkt, da ist Freiheit" (2 Kor 3,17). Wo Freiheit ist, da herrschen nicht monologisierende Herren über unwissende Knechte, sondern da versuchen Brüder und Schwestern, Freunde und Freundinnen vertrauensvoll aufeinander zuzugehen, aufeinander zu hören und so einander durch die je verschiedenen Geistesgaben und Geisterfahrungen zu bereichern.

Die Praxis entscheidet

Die großen und schönen Worte sind ver-
braucht, haben ihre Kraft verloren. Alle
theologischen Einsichten, am Schreibtisch
formuliert oder von der Kanzel gepredigt,
bleiben fruchtlos, wenn sie nicht durch unsere *Praxis* ratifiziert werden. Wir brauchen
in dieser kirchlich winterlichen Zeit *praktische* Hoffnungsinseln, das heißt Orte, an denen der Geist der Freiheit, der Freude und
des Friedens so lebendig am Werke ist, daß
andere durch unsere menschenbefreiende
Praxis auf unsere Hoffnung aufmerksam
werden.

Wagen wir ein banales Bild: Wenn ich einen guten ,Burgunder' trinke, und neben
mir trinkt einer einen verschnittenen Rot-
wein, so hat es wenig Sinn, durch geistreiche
Worte (gar durch eine „schöne" Enzyklika)
die Vorzüge des ,Burgunders' zu preisen.
Der andere muß vielmehr durch meinen
sichtlichen Genuß, meine Fröhlichkeit, meinen leichten Kopf am Tag danach auf meinen Wein neugierig werden, so daß er Lust
verspürt, es auch einmal mit meinem Wein
zu versuchen.

Wir müssen die, die nicht mehr oder noch nicht hoffen, durch unsere neue menschenbefreiende Praxis auf unsere Hoffnung neugierig machen. So erst könnten wir Friedrich Nietzsche Lügen strafen, der einmal mit Blick auf die Christen geschrieben hat: „Bessere Lieder müßten sie mir singen, daß ich an ihren Erlöser glauben lerne, erlöster müßten mir seine Jünger aussehen."

Wenn säkulare Menschen in unserem nachchristlichen Europa, Menschen, die scheinbar gegen das Evangelium immun sind, durch unser *praktisches Zeugnis* auf uns aufmerksam werden und bereit sind, sich mit uns auf den Weg zu machen, so werden wir ihnen dann selbstverständlich auch *ausdrücklich* über die Hoffnung, die uns bewegt und erfüllt, Rede und Antwort stehen (vgl. 1 Petr 3,15 f) und ihnen all die Geschichten von unserem freien, freimachenden und menschenfreundlichen Gott erzählen.

Der Glaube an
den Dreieinigen Gott und
unsere christliche Praxis

Vergessene Dreieinigkeit

Es ist schon seltsam, ja sogar erstaunlich: Wenn wir Christinnen und Christen spontan und gefühlsmäßig an Gott denken, denken wir fast immer an einen großen, einsamen und schweigsamen Herrn an der Spitze des Universums, von dem wir hoffen, daß er uns einst ein gnädiger Richter oder ein barmherziger Vater sein werde.

In Tat und Wahrheit aber lebt der christliche Gott nicht einsam, sondern gemeinsam. Unser Gott ist kein himmlischer Monarch, sondern ewig liebender Dialog zwischen Vater, Sohn und Geist.

Dieser Dreieinige Gott vermag jedoch heute unsere Herzen nur selten zu erwärmen und zu begeistern: Denn dieser geheimnisvolle, Dreieinige Gott scheint so weit entfernt von unserer harten und oft leidvollen *Alltagserfahrung*. Die Mutter Gottes, der hl. Antonius und der hl. Judas Thaddäus stehen uns oft näher, scheinen uns auf jeden Fall besser zu verstehen. So kann es nicht verwundern, wenn viele engagierte Christinnen und fromme Christen denken: Es genügt, wenn ich als Christ ein anständiger Mensch bin, das heißt die Gebote Gottes halte; das schwierige Geheimnis der Dreieinigkeit darf ich getrost den theologischen Spezialisten überlassen; es ändert an meiner *christlichen Praxis* eh nichts, ob ich Gott als dreieinig glaube, oder ihn schlicht und einfach als Vater und Schöpfer bekenne.

Weit gefehlt! Der Dreieinige Gott hat sehr viel mit unserem Alltag und unserer christlichen Praxis zu tun. Wir Christen sollen nämlich Nachahmer Gottes sein. Wenn wir uns Gott als einsamen Vater im Himmel, vielleicht sogar als großen Mann vorstellen, werden wir ihn anders nachahmen, als wenn wir im Innersten überzeugt sind, daß unser Gott ein lebendiges WIR, ein ewig liebender Dialog ist. Wenn wir Gott als liebenden Dialog glauben, werden wir ihn so nachahmen, daß wir Menschen des Dialogs zu werden versuchen. Wenn wir hingegen Gott als männlichen Patriarchen sehen, werden wir untereinander nicht den Dialog ins Zentrum rücken, sondern den Gehorsam.

Haben wir Christen im Laufe der Jahrhunderte nicht gelegentlich eine übertriebene Vorliebe für die Ein-Mann-Herrschaft in der Kirche (und im Staat) entwickelt, weil wir allzu sehr im Banne eines starren Ein-Gott-Glaubens gefangen waren und darob den Dreieinigen Gott vergessen haben? Überspitzt formuliert: Ein Gott – ein Papst – ein Bischof – ein Pfarrer – eine Herde – und wehe, wenn einer oder eine aufmuckt! Eine imposante Pyramide, wo wenige einzelne einsame Entschlüsse fassen und sie nach unten weitergeben. Das innerste Gesetz dieser Pyramide hieß und heißt Gehorsam – nicht Dialog. Nur so meinten wir die Einheit der Kirche bewahren zu können. Diese Einheit, durch Unterordnung und Gehorsam erreicht, strebte aber notwendig zu Einförmigkeit und Gleichmacherei.

Neuentdeckte Dreieinigkeit

Das Zweite Vatikanische Konzil (1962–1965) hat diese Einseitigkeit korrigiert. Wir haben den Dialog in der Kirche wiederentdeckt, weil wir den dreieinigen Gott neu entdeckt haben. Es gab und gibt seither Bischofssynoden. Es gab die „Synode der Schweizer Katholiken" und die „Gemeinsame Synode der Bistümer der Bundesrepublik Deutschland". Es gibt überall Pfarrei-, Seelsorge- und Diözesanräte. Wir sind dabei, den schwierigen, aber notwendigen Dialog neu zu entdecken. Doch schon zeigen sich die ersten Ermüdungserscheinungen. Nicht wenige Christen sind des kaum begonnenen Dialogs bereits überdrüssig und sehnen sich nach der vorkonziliaren Kirche mit ihren vermeintlichen Sicherheiten zurück. Das aber wäre Verrat am Dreieinigen Gott; denn wir sind nur dann Abbild des Dreieinigen Gottes, wenn wir Menschen des Dialogs werden, – wie Gott selbst Dialog ist.

Dabei brauchen wir keine theologischen Spezialisten zu werden. Es genügt, wenn wir ein Dreifaches glauben und verstehen:

1. In Gott selbst sind *Unterschiede:* Der Vater ist anders als der Sohn und der Sohn anders als der Geist.

2. Trotz dieser Unterschiede herrscht in Gott unvorstellbare *Einheit;* weil Vater, Sohn und Geist in einem einmaligen Dialog der Liebe vereint sind.

3. In Gott gibt es keine Über- und Unterordnung, *keine Rangordnung:* Denn der Vater ist Gott, der Sohn ist Gott, der Geist ist Gott.

Im Dreieinigen Gott leben in unvorstellbarer Einheit wunderbare Unterschiede, ohne Unter- und Überordnung. Wenn dieser Gott unser Vorbild ist, bedeutet das: Wir müssen unsere Unterschiede annehmen und ernst nehmen und versuchen, mit unseren (bleibenden) Unterschieden in einen Dialog miteinander zu treten, ohne nach Unter- und Überordnung zu schielen. Konkreter: Wenn ich konservativ bin und du dich für fortschrittlich hältst – oder umgekehrt –, so muß ich dich deshalb nicht als meinen Feind bekämpfen, sondern ich will von dir lernen, mit dir in einen Dialog treten zur Ehre der größeren Wahrheit und des reicheren Lebens unserer Gemeinschaft.

Weil wir noch allzu sehr im Banne eines starren Ein-Gott-Glaubens gefangen sind, denken wir oft: Ideal wäre, wenn wir alle gleich wären, alle die gleichen politischen, religiösen und philosophischen Vorstellungen hätten. Das aber ist ein Irrtum! Wenn wir alle gleich wären, wären wir ärmer: eine menschliche „Bakterienkultur" – unendlich langweilig in ihrer unendlichen Gleichheit! Unsere Unterschiede machen unseren Reichtum aus, sofern diese Unterschiede Anlaß zum Dialog und nicht Quelle des Streites werden.

Als der Geist Gottes in Form von Feuerzungen am ersten Pfingstfest (der Geburtsstunde der Kirche) die Jünger und Jüngerinnen mit neuem Leben erfüllte, fingen diese an, in verschiedenen Sprachen zu reden, und doch wurden sie von allen verstanden (vgl. Apg 2,1–13). Verschiedenheit und doch Einheit, ohne Über- und Unterordnung – das ist es, was der Geist Gottes will!

Wenn Gott, das Geheimnis der Welt – theologisch geredet – gleichursprünglich Differenz *und* Communio – Vielfalt und Gemeinschaft – ist, so sind wir nur dann Abbild dieses Gottes, wenn wir unsere Differenzen positiv sehen. Sie dürfen nicht zum Verschwinden gebracht werden, indem wir einander gleichschalten, sei es mit physischer Gewalt, sei es mit moralischem Druck, sei es mit psychologischen Tricks. Der Konflikt ist nicht mehr (nur) negativ zu sehen, und der Pluralismus ist in sein Recht eingesetzt. Allerdings nicht der Pluralismus der Ultraliberalen, der resigniert feststellt: Es gibt nun mal Reiche und Arme, Herrscher und Beherrschte, Glückliche und Unglückliche. In unserem Urbild – der Trinität – ist ja jede Über- und Unterordnung als Häresie verurteilt worden. Vater, Sohn und Geist sind auf der gleichen „Seinsstufe". Wir sind nur dann Bild dieses Gottes, wenn wir resolut dafür kämpfen, daß die heute noch Gekrümmten und Ausgebeuteten (Arme, Farbige, Asylsuchende, Frauen), freie Subjekte werden. Denn nur im Rahmen *freier Subjekte* mit aufrechtem Gang soll und darf die kulturelle Differenz bestehenbleiben.

Der Christ und die Christin werden folglich aufgefordert, jeden Imperialismus, Rassismus und Sexismus zu bekämpfen, und die Rede von der „Rückkehr der getrennten Christen in den Schoß der römischen Kirche" gehört definitiv in die Mottenkiste! Was das für unsere neue Praxis in Kirche und Gesellschaft bedeuten könnte, sei an einigen Beispielen stichwortartig illustriert.

Praktische Konsequenzen

Mann und Frau

Mann und Frau sind nicht einfach komplementär, wie man gelegentlich behauptet (auch der Storch und der Frosch sind komplementär, allerdings sagt das nur der Storch!), sondern Mann und Frau sind *verschieden,* aber *gleichwertig,* weil der Mensch Bild Gottes ist als „Mann *und* Frau" (Gen 1,27).

Diese *gleichwertige Verschiedenheit* radikal verstanden, macht jede Diskriminierung der Frau in Kirche und Gesellschaft theologisch unmöglich. Wie weit wir von diesem trinitarischen Verständnis auch in der Kirche noch entfernt sind, zeigt sich unter anderem darin, daß die Frau in der Kirche offiziell immer noch *nichts* zu entscheiden hat, obwohl *ohne* das (ehrenamtliche) Wirken der Frau das kirchliche Leben nicht funktionieren könnte.

Einheimische und Ausländer

Daß wir als Deutsche, Österreicher und Schweizer unsere *Unterschiede* gegenüber den Gastarbeitern und Asylsuchenden aus näheren und ferneren Ländern so gerne betonen, ist verständlich und in Ordnung. Trinitarische Menschen sind wir aber erst dann, wenn wir gleichzeitig auch die *Gleichwertigkeit* zwischen uns und den Fremden ernst nehmen. Würde der Fremde, der verschieden von uns ist, auch als gleichwertig anerkannt, würde er als Bereicherung gesehen und nicht mehr als Bedrohung empfunden.

Wie kompliziert aus ökonomischen und gesellschaftspolitischen Gründen das Problem der Ausländer auch sein mag, für uns Christen gilt: Wir sind nur dann Bild des Dreieinigen Gottes, wenn wir *jeden* Menschen – ob schwarz oder weiß, ob Gastarbeiterin oder Flüchtling –, obwohl er verschieden von uns ist, als gleichwertig anerkennen, und zwar nicht nur in unverbindlichen Sonntagsreden, sondern in der konkreten Praxis des schwierigen Alltags.

Die Gemeinde (Pfarrei) als Abbild des Dreieinigen Gottes

Die Last einer Pfarrei darf nicht auf den Schultern eines einzelnen ruhen, wie auch in der trinitarischen Gemeinde nicht nur einer allein das Sagen hat (und alle andern das „Nicken"). In einer trinitarischen Gemeinde soll vielmehr jeder seine unterschiedlichen Talente und seine je verschiedenen Gaben und Erfahrungen einbringen zum Aufbau eines lebendigen Ganzen. Oder im Geiste des Apostels Paulus geredet (vgl. Röm 12 und 1 Kor 12): Die eine kann gut singen; ein anderer hat die Gabe, eine Fürbitte spontan zu formulieren; eine dritte hat die Fähigkeit, mit Kindern einen Gottesdienst zu gestalten; ein vierter hat ein spezielles Gespür, wie man behinderte Kinder im Glauben unterweist; eine fünfte hat die Gabe, mit Alkoholikern und Drogenabhängigen umzugehen; ein sechster kann es gut mit Kranken und

Sterbenden usw. Und nun sagt der Apostel Paulus: Diese verschiedenen Gaben, Talente und Charismen sind den einzelnen gegeben zum Aufbau des Leibes Christi, zum Aufbau einer bunten, vielgestaltigen Gemeinschaft – Abbild des dreieinigen Gottes.

Katholiken und Protestanten

Es gibt Katholiken, die meinen, Einheit unter Christen wäre dann erreicht, wenn Katholiken und Protestanten gemeinsam vor dem ausgesetzten Allerheiligsten den Rosenkranz beten. Diese gleichgeschaltete Einheit wird und soll es nicht geben; denn es wäre eine einförmige Einheit im Banne eines starren Ein-Gott-Glaubens. Einheit wird es nicht so geben, daß die Katholiken protestantisch werden oder die Protestanten katholisch (keine Kirche kann das aufgeben, was ihr heilig ist). Einheit wird es auch nicht so geben, daß eine Kirche kommandiert und die andern Kirchen als reine Satelliten zu gehorchen hätten (das wäre totalitäre Einheit).

Die Einheit, die wir suchen, kann nur eine *Einheit in versöhnter Verschiedenheit* sein. Die einzelnen Kirchen müssen sich untereinander versöhnen, aber sie dürfen verschieden bleiben. Versöhnt wären wir dann, wenn wir einander nicht mehr von der Eucharistie ausschließen. Ist eines Tages Eucharistiegemeinschaft unter uns möglich – theologisch gesehen, bestehen kaum noch Hindernisse –, dann wären wir versöhnt und könnten und dürften unsere Verschiedenheiten pflegen (die je eigene Spiritualität, die je eigene Kirchenordnung usw.) und mit der Schwesterkirche in der Liebe wetteifern.

Diese Beispiele ließen sich beliebig vermehren. Immer aber gilt: Wir dürfen die Unterschiede lieben und in und mit den Unterschieden eine dialogische Einheit untereinander suchen, ohne nach Unter- und Überordnung zu schielen. Nur so sind wir Nachahmer des Dreieinigen Gottes.

Eine Art ‚Schlußgebet‘

In pietistischer Sprache gesprochen: Es ist gut, daß Du da bist, meine lutherische Schwester, mein anglikanischer Bruder, mein buddhistischer Freund, meine portugiesische Gastarbeiterin. Es ist gut, daß Du anders bist als ich. Durch Dich wird mein ei-

genes Leben reicher, ohne Dich wäre ich ärmer, es sei denn, ich halte mich für Gott, das
heißt im Besitz der ganzen Wahrheit. Weil
Du anders bist als ich, will ich Dich nicht
bekämpfen wie früher oder Dich einfach
nur neben mir dulden, weil die Machtver-
hältnisse mir keine andere Wahl lassen, oder
bloß freundschaftlich neben Dir leben. Vielmehr wollen wir – ohne unsere kulturellen
Unterschiede aufzuheben – in einen geschwi-
sterlichen Dialog treten zur Ehre der größeren Wahrheit und damit zu unserer und der
Welt Bereicherung.

Wir brauchen uns als Christinnen und
Christen über das Geheimnis der Dreieinigkeit nicht den Kopf zu zerbrechen – das Geheimnis der Trinität soll angebetet, nicht
zerredet werden –, wohl aber sollen wir in
der Praxis trinitarische Menschen werden.

Auf diesem schwierigen und faszinieren-
den Weg hin zur trinitarischen Existenz be-
gleite uns mit seinem Segen der Gott von Sa-
ra und Abraham, der Sohn, von Maria geboren, und der Heilige Geist, der uns
behütet wie eine Mutter ihre Kinder.

Johannes B. Brantschen in der Herderbücherei

Johannes B. Brantschen
**Warum läßt der gute Gott
uns leiden?**
Band 1762

Johannes B. Brantschen nimmt das Leiden als „einzig wirklich ernst
zu nehmenden Einwand gegen Gott" auch theologisch ernst und
stellt sich mit tiefer Einfühlsamkeit der dunklen, bedrängenden
Frage: „Warum läßt der gute Gott uns leiden?".

Er gibt keine eiligen Antworten. Aber er zeigt Möglichkeiten, die
Christen haben, um dem Leid zu begegnen: Im Widerstand dort, wo
es gilt, vermeidbares Leiden zu verhindern und abzuschaffen; in Erge-
bung und aktiver Anteilnahme dort, wo Leid nicht überwunden, sondern nur durchlebt werden kann.

Ein Buch, das wirklich tröstet, weil es das Leiden nicht wegdiskutiert.
Es erschließt das Schicksal Jesu als Antwort eines solidarischen Gottes
auf das Leid der Welt.

Herderbücherei